唐宋 近體詩 百首

당 송 근 체 시 백 수

宋永程 편저

신아사

머리말

흔히 중국은 '시의 나라'라고 한다. 중국은 시의 역사가 오래고 중국인들은 시를 좋아하며 시가 생활화되어 있다는 뜻이다. ≪詩經≫ 이래로 3천 년이 넘는 장구한 시간 동안 무수한 시인들이 무수한 시를 지어 무수한 사람들에 의해 암송되어 왔다. 중국인들은 예로부터 시에는 사회적 효용이 있다고 여겼다. ≪論語≫에는 공자가 중국문학의 鼻祖로 일컬어지는 ≪詩經≫을 중시하여 그 효용과 가치를 언급하는 대목이 많이 있다. 그는 제자들에게 "너희들은 왜 저 '詩'를 공부하지 않는가? 시는 자신의 생각을 感發할 수 있게 하고 사회의 득실을 살필 수 있게 하며, 무리들과 어울려 힘쓸 수 있게 하고 정치를 풍자할 수 있게 한다. 가까이로는 부모를 모시고 멀리로는 임금을 모실 수 있게 하며, 조수와 초목의 이름을 많이 알게 해준다."(〈陽貨〉편)고 하였다. 시의 사회적 효용에 대한 가치를 천명한 것이다. 또 "'詩三百'을 익숙하게 암송하더라도, 그에게 정치를 맡겼을 때 제대로 처리를 하지 못하고, 그를 사방의 제후국으로 사신으로 보내었을 때 혼자 外交辭令으로 활용하여 담판을 할 수 없다면, 아무리 많이 암송한들 무슨 소용이 있겠는가?"(〈子路〉편)라고 하였다. 시의 정치 외교적 실용성을 강조한 것이다. 그는 또 아들 孔鯉에게 詩를 배웠느냐고 묻고 이어서 "시를 배우지 않으면 말을 할 수 없다"(〈季氏〉편)고 하였다. 시에는 언어적 기능이 있음을 말한 것이다. 중국에서는 시가 실제로 언어의 역할을 하였다. 시를 읊조림으로써 자기의 의사를 표현하기도 하고, 시를 인용하여 자신의 논리적 근거로 삼기도 하였으며, 外交辭令

으로 시가 활용되기도 하였다. 이 전통은 현대에도 여전히 살아 있어서, 수많은 名句들이 성어나 격언 등의 상용어로 활용되기도 하고, 고전시를 패러디하여 현대에 활용하기도 한다.

그러나 중국인들이 고대부터 시를 중시하였던 더 근본적인 이유가 있다. 시가 인간의 성정을 순화할 수 있다고 여겼기 때문이다. 공자는 "한 나라에 들어가면 그 교화가 어떠한 것인지를 알 수 있다. 그 지방 사람들의 사람됨이 온화하고 유순하며 인정이 돈독하면 그것은 '詩'의 교화이다."(≪禮記·經解≫)라고 하였다. 이것이 이른바 사람의 마음을 온유하고 돈후하게 한다는 '詩敎'이다. 宋末의 시인 盧梅坡는 "매화만 있고 눈이 없으면 정신을 살릴 수 없고, 눈이 있어도 시가 없으면 사람을 속되게 한다(有梅無雪不精神, 有雪無詩俗了人)."(〈雪梅〉 제2수)고 하였다. 松·竹과 더불어 '歲寒三友'로 불리고, 蘭·菊·竹과 더불어 '四君子'로 불리는, 고결한 인품과 '傲骨'의 절조를 상징하는 梅花도, 눈이 없다면 그것이 지닌 정신 면모를 제대로 드러낼 수 없게 되는데, 설령 눈이 내려서 매화의 그러한 면이 부각된다 하더라도, 감상하는 사람이 시를 지어서 그것을 제대로 읊어내지 못한다면, 그는 이미 俗人이 되어 버리고 만다는 것이다. 시가 사람의 마음을 온유돈후하게 할 뿐만 아니라 그 인품까지도 고상순결하게 해주는 역할을 한다고 보았던 것이다.

3천 년이 넘는 긴 역사를 지닌 중국의 시는 唐代에 공전의 발전을 이룩하여 당대를 시가의 황금시대라고 부르게 하였다. 이 시기에 완성된 근체시는 중국시의 예술성을 최고조로 발전시켰다. 근체시는 句法, 押韻, 平仄, 對偶 등 각종 격률이 완벽하게 추구된 최고의 예술성을 지니고 있어서, 당시가 추구하던 서정성과 함축성을 살리는 데에도 매우 효과적인 시형이다. 송대에는 시문 혁신 운동과 성리학의 영향 등으로 당시와는 다른 '송시'가 성립되었다. 흔히 당시와 송시를 '가슴으로 쓴 시'와 '머리로 쓴 시', '보여주는 시'와 '말하는 시' 등으로 비교하기도 한다. 嚴羽 이래로 많은 학자들이 당시와 송시의 차이를 논하고, 각자 취향에 따라 각각에 대한 호오를 표현해 왔다. 그 중에서도 비교적 객관적이고 공정하게 당시와 송시의 차이를 설명한 것으로 繆鉞의 〈論宋詩〉가 있다. 이 글에서는 양자의 풍격과 특성을 다음과 같이 비교하여 설명하였다.

> 당시는 韻으로 빼어나서 渾雅하며 醞藉와 空靈을 귀히 여기고, 송시는 意로 빼어나서 精能하며 深折과 透闢을 귀히 여긴다. 당시의 아름다움은 情辭에 있어서 豊腴하고, 송시의 아름다움은 風骨에 있어서 瘦勁하다. 당시는 芍藥과 海棠 같아서 꽃송이와 색채가 화려하고, 송시는 寒梅와 秋菊 같아서 그윽한 운치와 차가운 향기가 있다. 당시는 荔支를 씹는 것 같아서 한 알갱이만 입에 넣어도 달콤한 향이 입안 가득하고, 송시는 橄欖을 먹는 것 같아서 처음에는 떫은 맛이 느껴지지만 뒷맛이 빼어나다. 園林을 조성하는 것으로 비유하자면, 당시는 돌을 쌓고 못을 파며 정자를 짓고 樓館을 세우는 것과 같고, 송시는 정자와 누관에 조각 창과 난간으로 장식을 하고 水石의 옆에 아름다운 화훼를 심는 것과 같다. 산수에 유람하는 것에 비유하자면, 당시는 높은 산봉우리에 올라가 멀리 바라보는 것과 같아서 意氣가 浩然하고, 송시는 굽이진 골짜기에서 그윽한 곳을 찾는 것과 같아서 情境이 冷峭하다. 당시의 폐단은 膚廓하고 平滑한 것

> 이고, 송시의 폐단은 生澀하고 枯淡한 것이다. 당시 가운데도 宋派를 연 것이 있고, 송시 가운데도 唐人을 매우 닮은 것이 있다.

日人 吉川幸次郎은 당시를 술에 빗대고 송시를 차에 빗대어, 술은 사람을 쉽게 흥분시킬 수 있기 때문에 밤낮 쉬지 않고 마실 수는 없으며, 차는 술처럼 사람을 흥분시키지는 않지만 고요한 희열을 가져다준다고 하였다(≪宋詩概說≫). 濃烈한 酒味에 陶然히 취해 보기도 하고 淡泊한 茶香에 冷然히 醒覺해 볼 수도 있을 것이다.

宋人은 시를 일기처럼 일상적으로 짓는 경향과 더불어 양적으로는 송시가 월등히 많다. 그러나 일반적으로 중국 시가의 황금시대라고 하면 당, 특히 盛唐을 말하지 않을 수 없는 점을 고려하여, 이 책에서는 당시를 율시와 절구 각각 30수씩 60수, 송시를 율시와 절구 각각 20수씩 40수를 뽑았다. 배열순서는 기본적으로 시인의 생년 순으로 하였고, 한 시인의 작품은 절구를 먼저 율시를 나중으로, 오언을 먼저 칠언을 나중으로 하였다. 번역은 原義를 해치지 않는 범위에서 가능한 한 운율을 살리려고 노력하였다.

부족한 것이 많은 책의 출판을 흔쾌히 맡아준 신아사 정현걸 대표와 한규갑 상무에게 감사를 드린다.

2015년 1월

宋永程

목차

唐詩

宋詩

부록

당송 근체시 백수

唐詩

王 勃
(650-676)

字는 子安이며 絳州 龍門(지금의 山西省 河津縣) 사람이다. 隋 말기의 大儒 文中子 王通(584-617)의 손자이다. 6세에 이미 글을 지을 줄 알았다고 한다. 早年에 급제하여 14세에 沛王 李賢의 沛府 修撰을 맡았다. 패왕과 英王 李哲이 투계를 할 때 흥을 돋우려 〈檄英王鷄文〉을 지었는데, 이것이 高宗의 분노를 사게 되어 王府에서 축출되었다. 나중에 虢州參軍(괵주는 지금의 河南省 靈寶市 일대)이 되었으나 재주를 자부하다가 죄를 지어 파직되었다. 부친이 연루되어 交趾令(교지는 지금의 베트남 북부 하노이와 통킹 일대)으로 폄적되었는데, 그는 부친을 찾아가는 도중 南中國海에 이르러 익사하였다. 楊炯(650-692), 盧照隣(635?-689?), 駱賓王(619?-687?)과 함께 '初唐四傑'로 불린다. 이들은 齊梁 이래의 浮靡한 시풍을 개혁하고 개성적인 창작의 길을 여는 데 어느 정도의 기여를 하였다. 왕발은 사걸 중에서 성취가 가장 높다. 특히 騈文에 뛰어난데 〈滕王閣序〉가 대표작이다. 시는 100수가 채 못 되지만 淸新하고 質朴하다는 평을 받는다. 오언율시에 뛰어났다. ≪王子安集≫이 있다.

送杜少府之任蜀州
촉주로 부임하는 두소부를 전송하며

城闕輔三秦
風煙望五津
與君離別意
同是宦遊人
海內存知己
天涯若比鄰
無爲在歧路
兒女共沾巾

장안성은 삼진에 둘러싸였고
풍연 속에 오진 땅 바라본다오.
그대와 이별하는 나의 이 마음
다 같이 타향에서 벼슬하는 몸.
이 세상에 마음 아는 친구 있다면
하늘 끝도 가까운 이웃 같다오.
헤어질 기로에서 아녀자처럼
손수건에 눈물 젖게 하지 맙시다.

注釋

1) **杜少府(두소부)** : 작자의 杜氏 姓의 친구로 관직이 縣尉였다. 少府는 縣尉로 縣令의 보좌역이다.

   之任(지임) : 부임하다.

   蜀州(촉주) : '蜀川'으로 된 판본도 있는데 옳은 것 같다. 四川省을 가리킨다. 蜀州(지금의 四川省 崇州市)는 則天武后가 수렴청정을 하던 睿宗 垂拱(685-688) 연간에 처음 설치하였는데, 왕발 사후의 일이다.

2) **城闕(성궐)** : 여기서는 수도 長安을 가리킨다. '闕'은 宮門 앞에 세운 望樓이다.

   輔(보) : 원래는 畿輔 즉 수도 부근 지역을 말한다. 여기서는 보좌하다.

   三秦(삼진) : 長安 부근의 關中 지역을 널리 지칭한다. 고대 秦나라 땅이었다. 項羽가 진을 멸망시킨 후 雍, 塞, 翟 삼국으로 나누었기 때문에 '三秦'으로 부른다. 漢代에는 중앙을 京兆, 동쪽을 左馮翊, 서쪽을 右扶風이라고 하여, 이를 '三輔'라고 하였다. 여기서는 陝西省 일대를 가리킨다.

   이 구는 시인이 있는 곳이면서 송별의 장소를 가리킨다.

3) **五津(오진)** : 蜀 지방 岷江 유역의 다섯 나루터. 민강의 灌縣에서 犍爲郡에 이르기까지 白華, 萬里, 江首, 涉頭, 江南 등 다섯 나루가 있었기에 '五津'이라고 한다. 널리 蜀 지방을 가리킨다. 두소부가 갈 임지이다.

4) **宦遊(환유)** : 집을 떠나 타지로 떠돌며 벼슬을 하는 것을 말한다.

   이 두 구는 타향에서 다시 이별을 하는 것은 본디 무척 슬픈 일인데, 시인과 두소부가 그 상황임을 말하였다. 다음의 **頸聯**의 위로를 부각하는 효과가 있다.

5) **比鄰(비린)** : 근린, 이웃.

   이 두 구는 자신을 알아주는 지기가 있다면 천리 밖에 있어도 한 마음임을 말하였다.

6) **無爲(무위)** : ……하지 마라, ……할 필요 없다.

   歧路(기로) : 갈림길. '岐路'와 같다. 여기서는 헤어질 곳을 가리킨다.

   이 두 구의 의미는 **兒女子**처럼 헤어질 때 눈물로 수건을 적시지 말자는 것이다. **兒女**를 청춘남녀로 보는 견해도 있다.

說明

蜀州로 부임하는 벗 杜少府를 전송하며 지은, 유명한 贈別詩이다. 이별 당시 시인의 나이 아직 스물이 되기 전으로 그의 광달한 胸懷가 잘 드러나 있다. “이 세상에 마음 아는 친구 있다면, 하늘 끝도 가까운 이웃 같다오.” 다 같이 宦遊로 타지를 떠도는 처지로 서로 의지가 되던 친한 벗과 또다시 이별을 해야 하는 상황이다. 발걸음이 쉬 떨어질 리가 없다. 그래서 시인은 이 말로 친구를 위로하고 자신을 위로한 것이다. 이 표현은 曹植(192-232)의 〈贈白馬王彪〉에서 따왔다. 조식은 白馬王 曹彪, 任城王 曹彰과 함께 立秋의 節氣 모임 차 洛陽에 갔다가, 조창은 죽고 조표와 함께 封地로 돌아가는 도중에 조정으로부터 헤어지라는 명령을 받고 분개한 마음으로 조표에게 이 시를 써주었다. 조식 시의 제6장 제3-6구는 “대장부 사해에 뜻 두었으니, 만 리가 가까운 이웃 같다오. 우애가 사라지지 않기만 하면, 멀리서도 정분 날로 친밀해지리(丈夫志四海, 萬里猶比鄰. 恩愛苟不虧, 在遠分日親).”라고 하였다.

賀知章
(659-744)

字는 季眞이고 自號를 四明狂客이라고 하였으며 越州 永興(지금의 浙江省 蕭山市) 사람이다. 어려서 文辭로써 이름이 알려졌고, 則天武后 證聖 원년(695)에 진사에 급제하였다. 國子四門博士에 제수되고 나중에 太常博士로 옮겼다. 玄宗 開元 11년(723)에 재상 張說의 추천으로 ≪六典≫ 등의 책을 修撰하였다. 개원 13년에 禮部侍郎으로 옮기고 나중에 太子賓客, 秘書監이 되었다. 天寶 2년(743) 겨울에 고향으로 돌아가 도사가 되었다. 歸隱한 지 얼마 안 되어 병으로 죽었는데 향년 86세였다. 뒤에 禮部尙書에 추증되었다. 包融(695?-764?), 張旭(?-?), 張若虛(?-?)와 함께 '吳中四士'라고 병칭된다. 이백과 절친하여 그를 '謫仙'이라고 불렀다. 시풍은 淸新하고 明快한데 절구가 특히 뛰어났다. ≪全唐詩≫에 시 20수가 실려 있고 ≪賀秘監集≫이 있다.

詠柳
수양버들

碧玉妝成一樹高
萬條垂下綠絲條
不知細葉誰裁出
二月春風似剪刀

푸른 옥 다듬어 키 큰 나무 한 그루
푸르른 명주 끈 가지마다 드리웠다.
가는 잎 재단한 이 누구인지 모르노라
이월의 봄바람이 가위손 아닐런가.

注釋

1) 碧玉(벽옥) : 청록색의 옥. 여기서는 초봄의 버들 색을 형용한다.
2) 絲條(사조) : 명주실을 꼬아 만든 띠. 여기서는 수양버들 가지의 가볍고 부드러움을 형용한다. 버드나무 가지를 흔히 '柳絲'라고 부른다.

說明

봄의 상징의 하나인 버드나무를 읊은 하지장 詠物詩 중의 걸작이다. 봄이 오면 버드나무는 새 가지가 돋아나고 여린 잎이 자라난다. 새 잎새 하나하나는 벽록색의 고운 옥처럼 가지를 장식하여, 아름답고 늘씬한 나무줄기를 더욱 아름답게 꾸며준다. 봄바람이 불어오면 수 천 수 만 가닥의 가지가 명주 끈처럼 바람에 펄럭인다. 이 아름다운 푸른 명주 끈은 누가 오려 만든 것인가? 바로 음력 2월의 봄바람이 아닌가? 봄을 대표하는 사물인 수양버들의 푸른 잎에 대한 형상적인 비유를 통해, 봄을 맞는 시인의 설레고 흥분되는 심사를 잘 드러내었다.

張九齡
(673-740)

一名이 博物이고 字는 子壽이며 韶州 曲江(지금의 廣東省 韶關市) 사람이다. 早年에 文采가 뛰어나 文學으로 張說에게 인정을 받았다. 中宗 景龍(707-710) 초에 진사에 급제하였다. 玄宗(712-756 재위) 때에 관직이 同中書門下平章事, 中書令에 이르렀다. 직언을 잘하였다. 開元(713-741) 연간의 저명한 賢相의 한 사람이었다. 개원 24년(736) 李林甫의 배척을 받아 재상 직에서 파면되었고, 이듬해에 荊州(지금의 湖北省 형주시)로 폄적되었다. 개원 28년(740) 고향 곡강에서 울분을 품은 채 생을 마감하였다. 시는 辭采가 풍부하고 情致가 심원한데, 만년의 불행한 조우가 시를 점차 질박하고 簡勁하게 하였다는 평을 받는다. ≪張曲江集≫이 있다.

望月懷遠
달을 보며 멀리 있는 情人을 그리다

海上生明月
天涯共此時
情人怨遙夜
竟夕起相思
滅燭憐光滿
披衣覺露滋
不堪盈手贈
還寢夢佳期

바다 위에 보름달 떠오를 적에
하늘 밖서 이때를 함께하겠지.
다정한 이 긴 밤을 원망하면서
밤새도록 그리움에 잠 못 이루리.
등촉 끄고 가득한 달빛을 보고
옷 걸치고 축축한 이슬 느끼네.
두 손 가득 채워서 보낼 수 없어
꿈속에서 좋은 기약 기다린다네.

注釋

1) 天涯(천애) : 하늘가, 하늘 저편, 아주 먼 곳.

이상 두 구는, 해상에 달이 떠오를 적에 하늘 저편에 있는 情人도 틀림없이 나처럼 달을 보고 있을 것이라고 상상하는 것이다.

2) 遙夜(요야) : 긴 밤.

3) 竟夕(경석) : 밤이 끝나다, 밤새도록.

4) 憐(연) : 사랑하다.

滋(자) : 생기다, 번성하다.

이상 두 구는 그리움에 젖어서 멍한 상태로 실외로 나가는 정경을 그렸다. '달빛을 사랑하여 등촉을 끄고 이슬이 서늘하여 옷을 걸친다'는 표현은 잠을 못 이루는 모습을 잘 묘사하였다.

5) 不堪(불감) : 감당할 수 없다, 할 수 없다.

盈手(영수) : 손에 가득하다. 달빛을 손에 가득 받는다는 뜻이다.

6) 還寢(환침) : 방으로 돌아와 잠자리에 들다.

夢佳期(몽가기) : 좋은 기약을 꿈꾸다. 꿈속에서 서로 만나게 되기를 바란다는 뜻이다.

說明

荊州로 폄적된 후의 작이다. 보름달 뜬 야경의 묘사를 통해서 멀리 있는 情人에 대한 그리움을 표현하였다. 首聯과 頷聯은 해상에 떠오르는 달을 보고 멀리 있는 情人도 저 달을 보면서 나를 생각하리라는 것을 상상하였고, 頸聯은 실내에서 불을 끄고 달빛이 방안을 가득 채우는 정경을 감상하다가 밤이슬에 한기를 느껴 옷을 걸치고 밖으로 나가는 것을 그렸다. 尾聯은 다시 방으로 돌아와 좋은 꿈을 기약한다는 것으로, 晉 陸機(261-303)의 〈擬明月何皎皎〉의 "비추는 빛 방안에 넘쳐나지만, 잡으려면 한 움큼도 되지 않는다(照之有餘輝, 攬之不盈手)."를 활용하였다.

王之渙
(688-742)

字는 季淩이고 原籍은 晉陽(지금의 山西省 太原市)인데, 뒤에 絳郡(지금의 산서성 新絳縣)으로 옮겨 살았다. 開元(713-741) 초에 冀州 衡水縣(지금의 河北省 衡水市)의 主簿가 되었는데, 모함을 받자 사직해 버렸다. 그 뒤 15년간의 漫遊 생활을 하면서, 黃河의 남북을 두루 유람하며 문단의 명사들과 널리 교유하였다. 나중에 文安縣尉(문안현은 지금의 河北省에 속함)가 되었는데 그 직에서 병사하였다. 그는 성당 시기의 중요 시인의 한 사람으로 高適(700-765), 王昌齡(698-757) 등과 唱和하였다. 세 사람의 '旗亭畵壁' 이야기는 세상에 널리 퍼진 유명한 일화이다. 시는 변새 풍광을 묘사한 것으로 정평이 나 있는데, 시풍은 비분강개하고 웅장호방하다. ≪全唐詩≫에 여섯 수가 실려 있다.

登鸛雀樓
관작루에 올라

白日依山盡
黃河入海流
欲窮千里目
更上一層樓

흰 태양 산에 기대 끝나려 하고
누런 황하 바다로 흘러서 간다.
천리 시선 끝까지 다해 보려고
한 층 누각 다시금 올라가 본다.

注釋

1) **鸛雀樓(관작루)** : 옛터는 지금의 山西省 永濟縣에 있는데 누각은 삼층이다. 황새가 늘 그곳에 서식하여 이 이름을 얻었다고 한다. 唐代의 登臨의 명승지였는데 나중에 물에 침식되었다.
2) **依山盡(의산진)** : 산을 따라 천천히 넘어가다.
3) **欲窮(욕궁)** : 다하려 하다.

   이상 두 구는 더 멀리 보려고 누각을 다시 한 층 더 올라가려 한다는 뜻이다.

說明

관작루는 산서성 황하 가의 높은 언덕 위에 지은 삼층 누각이다. 앞으로는 中條山이라는 큰 산이 있고 아래에는 황하가 흘러, 높은 데서 아래를 굽어보면 기세가 웅장하다. 시인은 저녁 무렵 관작루에 올랐다. 서쪽으로 바라보니 끝없는 산들이 하늘 끝까지 이어지고 지는 해는 먼 산 뒤로 점점 사라져 간다. 고개 돌려 발아래를 바라보니 황하는 동쪽으로 세차게 흘러 바다로 들어간다. 白日, 黃河, 山·海가 이루어내는 장관에 시인은 가슴을 활짝 열고 격정을 토해낸다. 더 먼 곳의 정경이 보고 싶으니 한 층의 누각을 더 올라가 봐야겠다고.

王 翰
(?-?)

一名은 王澣이고 字는 子羽이며 幷州 晉陽(지금의 山西省 太原市) 사람이다. 睿宗 景雲 원년(710) 진사에 급제하였다. 일찍이 汝州長史(여주는 지금의 河南省 臨汝縣), 仙州別駕(선주는 지금의 河南省 葉縣 남서)를 지냈고, 벼슬이 駕部員外郞까지 올랐는데, 나중에 道州司馬(도주는 지금의 湖南省 道縣 서쪽)로 좌천된 뒤 얼마 후 죽었다. 그는 성정이 호방하고 술을 좋아하였으며 자신의 재주를 믿고 행동이 방자하였고 한다. 시는 상당히 壯麗하다. ≪全唐詩≫에 15수가 실려 있다.

凉州詞

양주의 노래

葡萄美酒夜光杯
欲飮琵琶馬上催
醉臥沙場君莫笑
古來征戰幾人回

포도주 맛있는 술 야광배에 넘치는데
마시려니 비파가 마상에서 재촉하네.
모래밭에 취하여 누웠다고 웃지 마오
예로부터 종군하여 몇이나 살아왔소?

注釋

1) 凉州詞(양주사) : 唐代의 악부로 변새 풍정을 묘사한 것이 많다. 凉州는 治所가 지금의 甘肅省 武威縣에 있었다.
2) 葡萄(포도) : 예로부터 新疆 일대는 포도로 술을 많이 빚었다.
   夜光杯(야광배) : 상등 백옥으로 만든 술잔. 지극히 정교한 술잔을 가리킨다. 周 穆王 때 서역에서 夜光常滿杯를 바친 적이 있다고 전해진다.
3) 欲飮(욕음) 구 : 막 마시려고 할 적에 琵琶가 출정을 위해 말을 타라고 재촉함을 말한다. 催를 '마시기를 재촉하다'로 풀이하여 음악의 연주로 주흥을 돋우는 것으로 보는 견해도 있다.
4) 沙場(사장) : 戰場.

說明

변방 전장의 스케치이다. 출정 전에 장병들이 술잔을 드는데, 홀연 마상의 악대가 비파를 탄주한다. 그 급박한 가락은 마치 장사들에게 군장을 차리라고 재촉하는 것 같기도 하고, 주흥을 돋워주는 것 같기도 하다. 장군은 말한다. "전장에 취해 쓰러진다 해도, 부디 우리를 비웃지 마시오. 자고로 전장을 누비던 자 몇이나 전사하지 않고 살아 돌아 왔소?" 淸 施補華(1835-1890)는 ≪峴傭說詩≫에서 끝 두 구에 대해 "悲傷語로 보아 읽으면 淺하고 諧謔語로 보아 읽으면 妙하다."고 하였다.

孟浩然
(689-740)

字가 浩然이다. 또 다른 자는 行이고 이름은 미상이다. 일설에는 이름이 浩이고 자가 浩然이라고도 한다. 襄州 襄陽(지금의 湖北省 襄樊市) 사람이다. 玄宗 開元 18년(730)에 長安으로 가서 진사과에 응시하였으나 뜻을 이루지 못하고 돌아갔다. 개원 25년(737)에 張九齡(673-740)의 막부로 들어갔다. 얼마 후 고향에서 병사하였다. 그는 한평생 벼슬길에 뜻을 이루지 못하고 주로 은거하고 만유하는 것으로 세월을 보냈다. 李白(701-762), 王維(701?-761), 王昌齡(698-757) 등과 교유가 절친하였다. 그의 시는 대부분 전원의 정취와 나그네의 시름을 그렸는데, 의도적으로 정교함을 추구하지 않았지만 맑고 빼어나 범속을 초월하여, 清淨悠閑한 속에 壯逸한 기운이 있다는 평가를 받는다. 맹호연은 산수전원시를 대량으로 지은 성당의 첫 번째 시인으로, 王維와 이름을 나란히 하여 '王孟'으로 불렸다. 남아있는 시가 200여 수이고 ≪孟浩然集≫이 있다.

春曉
봄날 새벽

春眠不覺曉
處處聞啼鳥
夜來風雨聲
花落知多少

봄잠에 날 새는 줄 몰랐었는데
곳곳에서 새소리 들리어 온다.
밤새도록 비바람 몰아쳤으니
꽃은 또 얼마나 떨어졌을까?

注釋

1) 春曉(춘효) : 봄날의 이른 아침.
   曉(효) : 날이 새다.
2) 啼鳥(제조) : 즉 '鳥啼'로, 새가 울다, 또 새 우는 소리.
3) 花落(화락) 구 : 질문으로 답을 대신하여 봄이 가는 것을 안타까워하는 심정을 표현하였다.

說明

봄날 이른 아침 막 잠에서 깨어났을 때의 느낌을 그렸다. 시끄러운 비바람으로 짧은 봄밤을 보내고 지저귀는 새소리를 듣고서야 잠에서 깨었다. 시인은 아름다운 새소리를 들으면서 상념에 젖는다. 지난 밤 비바람에 또 얼마나 많은 꽃이 떨어져 봄빛이 얼마나 사라졌는지 모르겠노라고. 시인이 지난밤 잠을 이루지 못하고 새벽에 날 새는 줄 모른 것은, 꽃이 질까 하는 염려 때문이었던 것이다.

過故人莊
벗의 농장을 찾아가서

故人具鷄黍
邀我至田家
綠樹村邊合
青山郭外斜
開軒面場圃
把酒話桑麻
待到重陽日
還來就菊花

벗이 닭과 기장 갖춰 놓고서
나를 농장으로 초대하였다.
파란 나무 마을 가를 에워 두르고
푸른 산 성곽 밖에 비스듬하다.
창문 여니 채마밭 바로 보여서
잔 들고 농사일을 이야기한다.
기다렸다 중양일이 다가오거든
다시 와서 국화 앞에 다가가세나.

注釋

1) 過(과) : 방문하다.

2) 具(구) : 갖추어 마련하다.

鷄黍(계서) : 닭과 기장. 농가에서 손님을 접대하는 정성을 다한 음식. ≪論語·微子≫에, 공자와 함께 길을 가던 자로가 뒤처졌는데, 삼태기를 짊어진 노인[荷蓧丈人]이 子路에게 '닭을 잡고 기장밥을 지어(殺鷄爲黍)' 대접한 이야기가 실려 있다.

3) 合(합) : 에워싸고 있다는 뜻이다.

4) 郭(곽) : 外城. 고대에는 성을 이중으로 쌓았는데, 내성을 城이라고 하고 외성을 郭이라고 하였다. 여기서는 성곽의 뜻.

5) 軒(헌) : 창문.

場圃(장포) : 채마밭. ≪詩經·豳風·七月≫의 "구월에는 장포를 다진다(九月築場圃)"의 주에서, 鄭玄은 場과 圃는 같은 곳으로, 만물이 생장할 때에는 갈아서 경작을 하고 추수를 할 때가 되면 다져서 마당으로 만드는 것이라고 하였다.

6) 話桑麻(화상마) : 농사에 관한 이야기만 하다. 桑麻는 고대에 의복을 만들기 위한 필수품이었기에 농사의 비유로 흔히 사용한다. 陶淵明(365-427)은 〈歸園田居〉 제2수에서 "만나면 잡스러운 이야기 없고, 뽕과 삼이 잘 자라는지만 말한다(相見無雜言, 但道桑麻長)."고 하였다.

7) 重陽日(중양일) : 음력 9월 9일. 九는 양수의 극이고 발음은 '久'와 같아서 고대에는 長久하다는 의미를 담아 이 날을 節日로 삼았다. 이날 가족들이 함께 몸에 茱萸를 지니고 높은 곳에 올라 菊花酒를 마시는 풍속이 생겼다.

8) 就菊花(취국화) : 국화꽃을 감상하다. '就'는 다가가서 감상하다는 뜻.

이상 두 구는 손님과 주인이 중양절에 다시 만나자는 약속을 하는 것인데, 국화꽃 앞으로 다가가자는 표현이 자못 아취가 있다.

說明

저명한 전원시이다. 시인이 친구의 농장을 찾아가 은근한 환대를 받는 과정을 그렸는데, 농촌의 아름다운 풍광, 순후한 인정과 함께 주객 사이의 깊은 우의를 느낄 수 있다. 마지막 두 구에는 시인의 진솔하고 소탈한 성격과 아취가 보인다. "담담한 표현 속에 여운이 오랜" (沈德潛 ≪唐詩別裁≫) 특색이 잘 드러난 작품이다.

王昌齡
(698-757)

字는 少伯이며 長安(지금의 陝西省 西安市) 사람이다. 開元 15년(727)에 진사가 되어 汜水尉(사수는 지금의 河南省 滎陽市 汜水鎭)에 제수되고, 28년(740) 博學宏詞科에 합격하여 秘書郎이 되었다. 나중에 연달아 江寧丞(강녕은 지금의 江蘇省 남경시), 龍標尉(용표현은 지금의 湖南省 懷化市에 있었음)로 강등되어, 세칭 王江寧, 王龍標라고 한다. 安史의 난이 일어나자, 龍標에서 고향으로 돌아가는 길에 安徽 亳縣을 지나다가 刺史 閭丘曉에게 살해되었다. 왕창령의 시는 변새와 宮怨을 주요 제재로 하고 오언고시와 오·칠언절구를 잘 지었으나, 특히 칠언절구에 뛰어나 후인들이 '七絶聖手', '詩家夫子'라고 불렀다. 明 王世貞(1526-1590)은 성당 七絶은 왕창령만이 李白과 우열을 다툴 수 있다고 하였다. 현존 시는 180여 수로 ≪全唐詩≫에 4권이 실려 있고 ≪王昌齡集≫이 있다.

芙蓉樓送辛漸
부용루에서 신점을 전송하며

寒雨連江夜入吳
平明送客楚山孤
洛陽親友如相問
一片冰心在玉壺

차가운 비 강 따라 밤에 오로 들어와
이른 새벽 손 보내니 초산이 외롭구려.
낙양의 친구들이 만약에 묻거들랑
한 조각 얼음 마음 옥병 속에 있다 하오.

注釋

1) 芙蓉樓(부용루) : 옛 터는 지금의 江蘇省 鎭江市 북서쪽에 있다.
   辛漸(신점) : 王昌齡이 江寧縣丞일 때의 시 친구.
   이 제목으로 원래 두 수를 지었는데, 이것은 제1수이다.
2) 吳(오) : 芙蓉樓의 소재지는 吳 땅에 속하기에 이렇게 불렀다.
3) 平明(평명) : 날이 막 샐 때.
   楚山(초산) : 鎭江 부근의 산, 남방의 산. 옛날에는 吳와 楚 두 지역은 붙어 있어서, 鎭江 일대를 楚地라고도 불렀다.
4) 洛陽(낙양) : 辛漸이 가려는 곳.
5) 一片(일편) 구 : 자기의 品德이 옥병 속 얼음처럼 순결하여, 비록 좌천되었지만 여전히 절조를 지키려 함을 비유한다. 鮑照(414?-466) 〈代白頭吟〉의 "곧기는 거문고 붉은 현 같고, 맑기는 옥병 속 얼음 같다(直如朱絲繩, 淸如玉壺冰)"의 의미를 변용하였다. '玉壺冰心'은 고인들이 상용하던 절조와 결백의 비유이다.

說明

辛漸은 왕창령의 절친한 벗으로, 당시 마침 鎭江에서 강을 건너 북쪽 洛陽으로 돌아가려고 하여, 王昌齡은 특별히 芙蓉樓까지 와서 그를 전송하였다. 가을밤 비구름이 소리 없이 남쪽 하늘로 몰려들어 적막한 찬 강에 가랑비를 부슬부슬 뿌린다. 날이 막 샐 무렵 이 친한 두 벗은 강가로 나와 헤어지려 한다. 빗줄기 속에 가을 강에는 물이 넘실대고 남방 산들은 외롭게 솟아있다. 벗은 흐르는 물 따라 하늘 저편으로 사라질 것이고, 자신은 외롭기 그지없는 楚山 마냥 남방을 떠돌 것에 생각이 미치자, 시인은 저도 몰래 한없는 감개에 젖는다. 가족에 대한 그리움, 친구를 보내는 아쉬움, 처지에 대한 불만, 절조에 대한 자신감 등등 수천만 마디 말을 모두 한 구절에 담는다. "나는 투명한 얼음 같이 깨끗한 마음이 맑디맑은 옥 병 속에 들어있는 것처럼, 영원히 결백하고 절조를 변치 않을 것"이라고. 벗 전송하는 것을 빌어 자신의 본심을 밝혔으니, 송별시로서는 색다른 풍격을 지녔다고 할 수 있다.

出塞
변새로 나가며

秦時明月漢時關
萬里長征人未還
但使龍城飛將在
不敎胡馬度陰山

진한 때의 밝은 달 진한 때 관문
만 리 장정 떠난 사람 돌아오지 않았네.
용성에 비장군 아직 살아 있다면
오랑캐 말 음산을 넘어오지 못할 텐데.

注釋

1) 出塞(출새) : 악부 相和歌辭 鼓吹曲의 옛 제목으로, 漢 武帝(140-87 BC 재위) 때 協律都尉 李延年이 서역의 악곡에 근거하여 개편하였다. 왕창령의 원작은 두 수인데 이것은 제1수이다.
2) 秦時(진시) 두 구 : 秦漢 이래로 변방은 줄곧 끝없는 전쟁에 처해 있었다. '秦'과 '漢', '明月'과 '關'은 互文이다.
3) 但使(단사) : 만약 ……하기만 하다면.

   龍城(용성) : 흉노가 하늘에 제사를 지내기 위해 모이는 곳, 여기선 변방의 관문을 두루 가리킨다.

   飛將(비장) : 漢나라의 명장 李廣(?-119BC). 흉노가 그의 神勇을 두려워하여 '飛將軍'이라고 불렀다.
4) 胡馬(호마) : 변방을 교란하는 흉노를 가리킨다. 胡는 북서지방 소수민족을 통칭한다.

   陰山(음산) : 崑崙山脈의 북쪽 지맥. 河套(황하가 寧夏回族自治區에서 북쪽으로 돌아 남하하여 陝西省 동쪽을 감돌아 내려온 곳) 북서쪽에서 시작하여 內蒙古自治區로 뻗어 동쪽으로는 內興安嶺과 이어지는데, 중국 북방의 천연의 장벽이다.

說明

이 변새시는 明 李攀龍(1514-1570)이 唐代의 칠언절구 중 '壓卷'이라고 칭송한 명작이다. 시인은 첫 두 구에서 '月'과 '關'이라는, 변새 지방에서 가장 흔히 볼 수 있으면서 思鄕의 정을 가장 잘 불러일으키는 두 사물에, '秦'과 '漢'이라는 두 왕조를 결합하여 진한 이래로 전란이 끊임없고 征人이 돌아오지 못한 史實을 개괄하였다. 이어서 끝 두 구에서는 漢代에는 흉노로부터 '飛將軍'으로 불렸던 명장 李廣 같은 장수가 변새를 지켜냈지만 지금은 그렇지 못하다는 '借古諷今'으로 마무리하여 함축과 여운이 깊고 오래다.

祖 詠
(690-746?)

洛陽(지금의 河南省 洛陽市) 사람이다. 開元 12년(724)에 진사에 급제하였다. 詩名이 있었으며, 王維(701?-761)와 우정이 깊고 唱和한 시가 있다. 왕유는 〈贈祖三詠〉 시에서 "교제를 맺은 지 이십 여 년에, 가슴 열고 즐긴 적 하루도 없네. 가난과 병고는 그대 이미 깊은데, 힘들고 고단함 나도 얕지 않다네(結交二十載, 不得一日展. 貧病子旣深, 契闊余不淺)."라고 하였다. 평생 곤궁하고 실의에 젖었으며 벼슬길은 험난하고 생계가 어려웠다는 것을 알 수 있다. 그의 시는 전원과 은거를 묘사한 것이 많으며, 풍격은 王·孟詩派에 가깝다. 정조가 격앙되고 기세가 호방한 것도 더러 있다. ≪全唐詩≫에 1권이 수록되어 있다.

終南望餘雪
종남산 : 잔설을 바라보며

終南陰嶺秀
積雪浮雲端
林表明霽色
城中增暮寒

종남산 북쪽 산봉 우뚝하여서
적설은 구름 위에 높이 빛난다.
숲 위엔 개인 햇빛 맑게 빛나도
성 안엔 저녁 추위 더해만 간다.

注釋

1) 終南(종남) : 산 이름. 즉 秦嶺으로 지금의 陜西省 西安市 남쪽에 있다.
2) 陰嶺(음령) : 응달진 산마루. 장안에서 바라보이는 북쪽 산록.
3) 林表(임표) : 숲의 위.
   霽色(제색) : 날이 막 갤 때 비치는 햇빛.

說明

조영이 장안에서 과거시험에 응시할 때 지은 시이다. 당시 규정에 따르면 과거시험 답안지인 試帖詩는 12구를 지어야 하지만, 그는 이네 구만 쓰고 답안지를 제출하였다. 사람들이 이유를 묻자 그는 제목에 담긴 의미는 이미 다 밝혔기 때문이라고 하였다. 종남산은 장안성 남쪽에 있다. 이 때 산록의 적설은 아직 녹지 않아 온통 새하얗고, 높다란 산봉우리는 구름 위로 솟구쳐 눈빛과 구름이 서로 어우러져 산봉우리는 아련하며, 하늘은 막 개고 숲에는 잔설이 아직 쌓여 있어 석양빛을 받아 환하게 보인다. 그러나 성안에는 땅거미가 내리자 한기가 더욱 더 심해진다. 고금에 눈을 읊은 좋은 작품이 많지만, 시첩시이면서 이처럼 세련되고 원만한 작품은 많지 않다.

常 建
(?-?)

祖籍은 邢州(지금의 河北省 邢台市)이다. 대략 玄宗 開元 15년(727)경 진사에 급제하였으나 벼슬길은 순탄치 못하였다. 산수와 명승을 유람하면서 장기간의 漫遊 생활을 하였다. 나중에 鄂渚(지금의 湖北省 武漢市 武昌區)로 이사하여 은거하였다. 天寶(742-756) 연간에 盱眙尉(우이현은 지금의 江蘇省 淮安市 남서)를 지냈다. 현존하는 시는 많지 않은데, 대체로 山水田園을 주요 제재로 하며 王·孟 일파에 접근한다. ≪常建集≫이 있다.

題破山寺後禪院
파산사 후선원에 부쳐

清晨入古寺
初日照高林
曲徑通幽處
禪房花木深
山光悅鳥性
潭影空人心
萬籟此皆寂
惟聞鐘磬音

이른 아침 고찰로 들어가는데
첫해가 등성이 숲 밝게 비춘다.
오솔길은 그윽한 곳에 통하고
선방에는 꽃과 나무 우거져 있다.
산 빛은 새의 본성 즐겁게 하고
못 그림자 속된 마음 비우게 한다.
만뢰가 여기서는 모두 고요해
종과 경쇠 소리만 들릴 뿐이다.

注釋

1) 破山寺(파산사) : 興福寺. 원래는 南齊의 倪德光의 집인데 나중에 희사하여 절을 만들었다. 지금의 江蘇省 常熟縣 虞山 북쪽에 있다.
   後禪院(후선원) : 승려가 거주하는 곳. 寮舍채.
2) 曲徑(곡경) : 꼬불꼬불한 길. '竹徑'으로 된 판본도 있다.
3) 悅(열) : 즐겁게 하다.
4) 人心(인심) : 사람의 俗念을 가리킨다. 절에는 예로부터 空心亭이 있는데, 파산사에도 있다.
5) 萬籟(만뢰) : 자연에서 나는 온갖 소리. 衆籟.
6) 磬(경) : 사찰에 있는 銅製 악기, 경쇠. 본래는 돌로 만든 石磬을 썼다. 절에서는 예불 의식을 진행할 때 시작은 鐘으로 알리고 마칠 때는 경을 쳤다.

說明

常建의 명편이다. 처음부터 끝까지 이른 아침 後禪院의 풍경만을 묘사하였는데 갈수록 더욱 고요해진다. ≪全唐詩話≫ 권2에는 구양수가 이 시의 頷聯을 좋아하여, "나는 이 연을 사랑하여 그것을 본떠 한 연을 지어보려 하였지만 끝내 하지 못하였다. 비로소 意境을 만들어 내는 것만으로는 잘 짓기 어렵다는 것을 알았다."고 하였다는 기록이 있다. 王維의 〈過香積寺〉와 비교하여 읽을 만하다.

王 維
(701?-761)

字는 摩詰이며 原籍은 太原 祁州(지금의 山西省 祁縣)이다. 부친 때부터 蒲州(지금의 산서성 永濟縣)로 옮겨 살았다. 開元 9년(721)에 진사에 급제하여 太樂丞이 되었다. 伶人이 黃獅子舞를 춘 것 때문에 연좌되어 관직이 濟州司庫參軍(제주는 지금의 山東城 濟寧市)으로 강등되었다. 張九齡(673-740)이 재상일 때 右拾遺로 발탁되었으며 나중에 監察御史로 옮겼다. 장구령이 재상에서 물러난 후에 왕유는 終南山과 藍田 輞川別墅에서 '亦官亦隱'의 생활을 하며 禪理에 침잠하였다. 安史의 난이 일어난 뒤 반군에게 붙잡혀 菩提寺에 구금되어 어쩔 수 없이 '僞職'을 받았는데, 난이 끝난 뒤 그 때문에 太子中允으로 강등되었다. 마지막에 관직이 尙書右丞에 올랐기에 사람들은 王右丞이라고 부른다. 喪亂을 겪은 후 그는 더욱더 전심전력으로 불교에 심취하였다. 왕유의 시는 산수전원을 제재로 한 것이 주류이다. 성당 시단에서 李白(701-762), 杜甫(712-770)와 어깨를 나란히 하였으며 '詩佛'로 불린다. 왕유는 다재다능하여 회화와 음악도 아울러 잘하였다. 그래서 그의 시가에는 언제나 畵法, 樂理, 禪趣가 녹아들어 있다. 蘇軾(1036-1101)은 그의 시를 일컬어 "시 속에 그림이 있고 그림 속에 시가 있다(詩中有畵, 畵中有詩)"고 하였다. 각 체의 시를 다 잘 지었지만, 오언절구와 오언율시의 성취가 가장 뛰어났다. ≪王右丞集≫이 있다.

九月九日憶山東兄弟
9월 9일 고향의 형제들을 그리며

獨在異鄉爲異客
每逢佳節倍思親
遙知兄弟登高處
遍挿茱萸少一人

이향에 홀로 있어 이향의 객이 되니
명절마다 가족 생각 배나 더한다.
멀리서도 알겠노라, 형제들 등고하며
수유 두루 꽂을 제 한 사람 적은 것을.

注釋

1) 九月九日憶山東兄弟(구월구일억산동형제) : 原注에 "이 때 나이 17세(時年十七)"라고 하였다. 王維는 長安에서 이 시를 지었는데, 그의 고향은 蒲州(지금의 山西省 永濟縣)로 華山의 동쪽에 있어서 '山東'이라고 하였다. 왕유는 오형제 중 맏이이며 여동생이 둘 있었다.
2) 登高(등고) : 음력 9월 9일 重陽節에, 민간에는 높은 곳에 올라가 辟邪하는 풍습이 있었다. 孟浩然의 〈過故人莊〉 참조.
3) 茱萸(수유) : 산수유. 고대에는 중양절에 등고할 때에 수유를 꺾어 머리에 꽂거나 주머니 속에 넣고 국화주를 마시며 재앙을 피하는 풍속이 있었다.
   少一人(소일인) : 한 사람이 없다. 작자 자신이 없는 것을 말한다.

說明

17세 때 지은 시이다. 당시 그의 부모형제는 모두 華山 동쪽의 고향에 있고, 그만 혼자 수도 장안에 살면서 언제나 고독과 적막을 느꼈다. 唐代에 중양은 중요한 명절로, 가족들이 함께 산에 올라가 산수유를 머리에 꽂고 국화주를 마셨다. 시인은 고향을 멀리 떠나 사고무친이라 직접 등고를 하지 않고 혼자서 고향을 그리며 상념에 젖는다. 집안의 형제들이 모두 登高를 할 텐데, 그들은 머리에 산수유를 꽂으면서 틀림없이 타향에 있는 나를 떠올리겠지.

送元二使安西
안서로 사신가는 원이를 전송하며

渭城朝雨浥輕塵
客舍青青柳色新
勸君更盡一杯酒
西出陽關無故人

위성의 아침 비가 가볍게 먼지 적셔
여사는 푸릇푸릇 버들 빛도 새롭구려.
그대여 권하노니 한 잔 더 하시게나
양관 나서 서쪽에는 친구도 없으리니.

注釋

1) **元二(원이)** : 작자의 친구, 성은 元이고 형제의 순서가 둘째이다.
安西(안서) : 安西都護府를 가리킨다. 지금의 新疆위구르自治區 庫車縣에 있었다. 이 시는 당나라 당시 곡이 붙여져 널리 노래로 불리어져 '渭城曲', '陽關曲', '陽關三疊' 등으로 불린다.
2) **渭城(위성)** : 秦代의 咸陽을 漢代에 渭城으로 개칭하였는데, 지금의 陝西省 西安市 북서쪽 渭水의 북안에 있었다.
浥(읍) : 축축하다.
3) **客舍(객사)** : 전별을 위해 전문적으로 설치한 숙소.
4) **陽關(양관)** : 漢代에 설치하였으며, 지금의 甘肅省 敦煌縣 서쪽에 있다. 예로부터 玉門關과 함께 서역으로 통하는 교통 요지이다. 옥문관 남쪽에 위치하고 있어서 陽關이라고 부른다.

說明

唐代에 가장 유명한 송별시로, 친구 元二가 安西로 사신가는 것을 전송하면서 지은 것이다. 전반 두 구에서는 송별하는 시간, 장소, 날씨 등 송별 시의 분위기를 개괄하였다. '客舍'와 '柳色'은 이별의 모티프를 나타내는 대표적인 사물이다. 특히 '柳'자에는 고대 중국인들의 '折柳送別'의 습속이 함축되어 있다. 후반 두 구는 別情의 토로이다. "친구여, 부디 한 잔 '더' 비우시게. 양관을 나서면 다시는 그대와 술잔을 기울이고 그대의 적적함을 달래줄 친구도 없을 테니." '更'자 속에 惜別과 위로와 勸勉 등 복잡한 심서가 담겨 있다.

山居秋暝
산골의 가을 저녁

空山新雨後
天氣晚來秋
明月松間照
淸泉石上流
竹喧歸浣女
蓮動下漁舟
隨意春芳歇
王孫自可留

인적 없는 빈산에 비 갓 내린 후
날씨는 저녁 되니 가을스럽다.
밝은 달 솔 사이로 밝게 비추고
맑은 샘은 돌 위로 졸졸 흐른다.
대숲이 왁자지껄 표녀들 돌아오고
연잎이 흔들흔들 어선이 내려온다.
제멋대로 봄꽃은 사라졌지만
나그네는 그래도 머물 만하다.

注釋

1) 秋暝(추명) : 가을밤.
2) 淸泉(청천) 구 : 산촌의 비온 뒤의 모습이다.
3) 浣女(완녀) : 빨래하는 여인. 漂女.

이 구는 대숲이 왁자지껄한 것을 듣고 빨래하는 여인들이 돌아오는 것임을 안다는 것을 말하였다.

3) 蓮動(연동) 구 : 연잎이 흔들리는 것을 보고 어선이 물길 따라 내려오는 것을 알다.
4) 春芳(춘방) : 봄의 화초.
   歇(헐) : 사라지다, 시들다.
5) 王孫(왕손) : 나그네를 가리키면서 시인 자신을 말한다.

마지막 두 구는 ≪楚辭 · 招隱士≫의 "왕손은 떠나서 돌아오지 않는구나. 봄풀은 돋아나서 우거졌는데. ……왕손이여 돌아오소서! 산중은 오래도록 머물 수 없으니(王孫遊兮不歸, 春草生兮萋萋. ……王孫兮歸來, 山中兮不可以久留)."의 의미를 반대로 활용하여, 봄꽃은 이미 사라졌지만 이곳 산중의 가을 정경은 머물만하다는 것을 말하였다.

說明

蘇軾은 〈書摩詰藍田煙雨圖〉에서 "왕유의 시를 맛보면 시 속에 그림이 있고, 왕유의 그림을 관찰하면 그림 속에 시가 있다(味摩詰之詩, 詩中有畫; 觀摩詰之畫, 畫中有詩)."고 하였는데, 이 시의 산골마을 雨後의 가을저녁 정경이 그러하다. 明月, 松林, 淸泉, 山石은 한 폭의 아름다운 그림을 이룬다. 거기에는 청각도 촉각도 같이 어우러지는 생동감이 있다. '竹喧'과 '蓮動'을 통해 보이지 않는 경물까지 그려내었다. 제1-6구가 모두 서경이어서, 淸 黃培芳(1778-1859)은 ≪唐賢三昧集≫에서 "서경이 너무 많아서 아주 뛰어난 것은 아니다."라고 평하기도 하였다. 참고로 같은 시인의 〈送別〉 시를 볼 만하다.

* 送別

山中相送罷　산중에서 전송을 마치고
日暮掩柴扉　저물어 사립문을 닫는다.
春草年年綠　봄풀은 해마다 푸르러건만
王孫歸不歸　왕손은 돌아오실 건지 아닌지?

過香積寺
향적사를 찾아서

不知香積寺
數里入雲峰
古木無人徑
深山何處鐘
泉聲咽危石
日色冷靑松
薄暮空潭曲
安禪制毒龍

향적사가 어딘지 알지 못하고
몇 리 길 구름 낀 산 들어가 본다.
고목 숲엔 오솔길도 있지 않은데
깊은 산 어디메서 종소리인가.
샘물 소리 높은 돌에 졸졸거리고
햇빛은 푸른 솔에 서늘하구나.
저물녘에 못물이 비어 있으니
참선으로 독룡을 제압했을 터.

注釋

1) **香積寺(향적사)** : 옛터는 지금의 陝西省 長安縣 남쪽 子午谷에 있다.
2) **古木(고목) 구** : 고목이 우거진 곳에는 인적이 드물다는 뜻이다.
3) **泉聲(천성) 두 구** : 샘물 소리는 돌에 부딪혀 울고 햇빛은 솔숲이 깊어 서늘하다. 앞 구는 그윽하고 고요함을 읊었고 뒤 구는 깊고 외짐을 그렸다.
4) **安禪(안선)** : 참선으로 심신이 편안해져 고요하고 안정된 경지에 든 것을 말한다. **毒龍(독룡)** : 여기서는 機心과 妄想을 비유한다. ≪涅槃經≫에 "내가 사는 곳에 毒龍이 한 마리 있는데 그 성질이 포악하고 조급하여 위해를 가할까 두렵다."고 하였다.

   이상 두 구는 절 옆의 빈 못을 보고 독룡의 이야기를 연상한 것이다.

說明

시인은 향적사의 이름만 듣고 정확한 위치도 모른 채 찾아갔다. 구름 낀 봉우리와 고목 숲을 가다가 우연하게 종소리를 듣고, 인적도 없는 이곳에 어떻게 종소리가 들리는지 의아해 한다. 그의 이목에 들어오는 것은 여전히 샘물소리와 송림에 스며드는 햇빛뿐이다. 마지막 두 구에서 비로소 절 옆에 있는 빈 못을 발견하고 못 속에 살던 독룡은, 이 절 스님들의 安禪으로 이미 제압되었을 것임을 생각한다. 전편에서 절 자체에 대한 언급은 전혀 없지만 절은 이미 그 안에 들어있다. 兪陛雲(1868-1950)은 ≪詩境淺說≫에서 "常建의 破山寺 시는 절 안의 靜趣를 읊었고, 이 시는 절 밖의 幽景을 읊었는데, 모두 절 자체에 대한 묘사는 없다. 山寺를 찾는 사람들이 착상하는 바를 알 만하다."고 하였다. 참고 : 常建 〈題破山寺後禪院〉

李 白
(701-762)

字는 太白, 自號는 靑蓮居士이다. 본적은 隴西 成紀(지금의 甘肅省 秦安縣)이고, 隋 말에 선대가 죄를 지어 서역의 碎葉城(지금의 키르기스스탄(Kyrgyzstan) 경내)으로 유배되었고, 5세 무렵 부친을 따라 錦州 昌隆縣(지금의 四川省 江油) 靑蓮鄕으로 이사하였다. 그래서 스스로를 靑蓮居士라고 불렀다. 청년 시절에 각지를 漫遊하며, 儒·道·俠 등 다양한 사상의 영향을 받았고, 은거하고 俠義를 행하면서 詩賦를 지었다. 天寶(742-756) 초에 시명이 널리 알려져 도사 吳筠(?-778) 및 賀知章(659-774)의 추천으로 翰林學士가 되었으나, 얼마 안 있어 참언을 만나 그만두었다. 安史의 난 후 永王 李璘의 막부에 들어갔다. 이린의 반란으로 '附逆' 죄를 지어 夜郞(지금의 貴州省 正安縣 북서)으로 귀양을 가다가 도중에 사면을 받아 돌아왔다. 만년에 남동 일대를 漂泊하다가 當塗(지금의 安徽省에 속함)에서 죽었다. 이백은 성품이 豪邁하고 구속받기를 싫어하였다. 시는 내용이 풍부한데, 權貴를 비난하고 禮敎를 멸시하고 자유를 추구하며, 백성을 동정하고 조국을 찬양하는 것이 많다. 때로는 술 마시고 신선세계를 추구하며 방종하고 향락적인 사상을 드러내기도 한다. 시풍은 웅건 호방하고 낭만주의 색채가 매우 풍부하다. 세상에선 그를 '詩仙'이라고 부른다. 중국 시사에서 가장 뛰어난 낭만주의 시인으로 일컬어진다. 시는 현재 900여 수가 남아 있다. ≪李太白集≫이 있다.

望廬山瀑布
여산 폭포를 바라보며

日照香爐生紫煙
遙看瀑布掛前川
飛流直下三千尺
疑是銀河落九天

향로봉에 해 비춰 자주 연기 피는데
멀리서 폭포 보니 앞 시내 걸려 있네.
날아 흘러 곧바로 삼천 자를 떨어지니
은하수가 구천에서 떨어진 줄 알았네.

注釋

1) 廬山(여산) : 지금의 江西省 九江市 남쪽에 있다.
2) 香爐(향로) : 香爐峰. 여산 북서부에 자리하고 있다.
紫煙(자연) : 햇빛이 폭포를 비추어 자줏빛 기운을 반사해내다. 향로봉 위에는 雲氣가 뒤덮고 있어 마치 향로에 香煙이 서린 것 같은데, 운기는 햇빛을 받으면 자줏빛으로 변하기도 한다.
3) 掛前川(괘전천) : 산꼭대기에서부터 산 앞의 수면에까지 걸리다.
4) 落九天(낙구천) : 하늘의 가장 높은 층에서 떨어지다.

說明

멀리서 바라보는 폭포의 장려한 모습을 그렸다. 높다란 향로봉 정상은 운무가 자욱하게 피어올라, 햇빛 아래서 마치 자줏빛 연기가 향로 속에서 모락모락 피어오르는 듯하다. 폭포는 높다란 산꼭대기에서 분출하여 가파른 산기슭을 타고 곧장 쏟아져 내리는데, 그야말로 '일사천리'의 대단한 기세이다. 시인은 홀연히 기묘한 상상을 한다. 저것은 틀림없이 천상의 은하수가 인간 세상으로 떨어진 것이 아니겠는가. 시인의 상상은 기묘하지만 생동감도 넘친다. 이백 시의 대표적 특징인 상상과 과장이 잘 드러난 작품이다.

早發白帝城
아침 일찍 백제성을 떠나며

朝辭白帝彩雲間
千里江陵一日還
兩岸猿聲啼不住
輕舟已過萬重山

아침에 채운 속에 백제성을 떠나서
천리 밖 강릉으로 하루 만에 돌아오네.
양쪽 기슭 원숭이는 끊임없이 우는데
가뿐한 배 어느 새 일 만 산을 지나왔네.

注釋

1) 發(발) : 출발하다. 여기서는 배를 타고 출발하는 것을 가리킨다.
   白帝城(백제성) : 옛터는 지금의 重慶市 奉節縣 白帝山 위에 있다. 지세가 높고 험준하여 산 밑에서 올려다보면 마치 구름 속에 있는 것 같다.
2) 彩雲間(채운간) : 백제성은 양자강 상류의 산 위에 축조되어 있는데, 지세가 높아서 하류에서 바라보면 마치 구름 위에 있는 것 같다.

   이 구는 이른 아침 구름 위에 높이 솟은 백제성을 떠난다는 뜻이다.
3) 江陵(강릉) : 지금의 湖北省에 속한다. 백제성에서 1,200리 떨어져 있다.
4) 兩岸(양안) 구 : 三峽에는 원숭이가 많아서 항상 처량한 울음소리가 들린다. '啼不住'는 원숭이 울음소리가 끊임없이 들린다는 말이다. ≪水經注·江水·三峽≫에 "비온 뒤 맑아지거나 서리 내리는 아침이면 숲과 개울은 서늘하며, 늘 높은 곳에서 원숭이가 길게 울부짖는데 그 소리가 유달리 처량하다. 텅 빈 골짜기에 메아리치면 구슬프기가 그지없다. 그래서 어부들은 '파동의 삼협 중에 무협이 긴데, 납의 울음 서너 소리에 눈물 옷을 적신다(巴東三峽巫峽長, 猿鳴三聲淚沾裳).'고 노래하였다."는 기록이 있다.
5) 輕舟(경주) : 매우 경쾌하게 하류로 내려가는 배.

說明

肅宗 乾元 2년(759) 이백은 죄를 지어 추방을 당해 夜郞(지금의 貴州省 正安縣 북서)으로 귀양을 가는 도중 重慶市 경내의 白帝城에 이르렀을 때 뜻밖의 사면을 받았다. 이 시는 사면 소식을 들은 시인이 백제성에서 배를 타고 江陵으로 가는 도중에 지은 것이다. 서광이 막 나타나고 아침놀이 하늘에 가득한데, 높고 높은 백제성은 채운 속에 우뚝 솟아 있다. 시인은 흥분된 심정으로 배를 타고 강릉으로 돌아간다. 작은 배는 세차게 흐르는 강물에 경쾌하게 흘러간다. 삼협 양안의 원숭이 울음소리는 여전히 귀에 남아 있는데 배는 부지불식간에 만 겹의 산과 천 리의 물길을 지나 이미 강릉에 도착하였다. 뜻밖의 사면을 받은 시인의 홀가분하고 날아갈 듯한 심사가 잘 드러난 작품이다.

東魯門泛舟
동로문에 배 띄우고

日落沙明天倒開
波搖石動水縈回
輕舟泛月尋溪轉
疑是山陰雪後來

해 지자 모래 밝고 하늘은 거꾸로 열리며
물결치니 돌 움직이고 물은 감아 돈다.
가벼운 배 달에 띄워 개울 찾아 흐르니
산음에 눈 온 뒤에 찾아온 듯도 하다.

注釋

1) **東魯門(동로문)** : 지금의 山東省 曲阜縣 동쪽에 있다. 曲阜는 당나라 때 兗州 魯郡의 治所였다.

   이 시는 모두 두 수가 있는데, 이것은 그 중 제1수이다.
   제2수는 "물은 청룡이요 반석은 제방인데, 복사꽃 양안에 핀 동로문 서쪽이라. 달 아래 배 타고 떠나게 한다면, 그 풍류 어찌 섬계에만 이르리(**水作青龍磐石堤, 桃花夾岸魯門西. 若教月下乘舟去, 何啻風流到剡溪**)."이다.

2) **日落(일락) 구** : '해 질' 때 석양빛이 반사되어 하늘이 잠시 밝아지는 현상으로, 물속의 모래톱과 하늘 그림자가 유난히 밝아져 '날이 새는' 느낌을 주는 것을 묘사하였다.

3) **疑是(의시) 구** : 晉 王徽之(338-386. 王羲之의 아들)가 雪夜에 달빛을 받으며 戴逵(326-396)를 찾아간 이야기를 활용하였다. ≪世說新語·任誕≫에 나온다. 山陰(지금의 浙江省 紹興市)의 왕휘지는 눈 오는 밤에 잠에서 깨자 剡(지금의 절강성 嵊縣)에 있는 대규가 생각이 났다. 그래서 배를 타고 밤길을 달려 찾아갔으나 만나지 않고 돌아왔다. 사람들이 그 까닭을 묻자, 본래 흥에 겨워 갔던 것인데 흥이 다해 돌아왔으니 꼭 만나야 할 까닭이 없다고 대답하였다.

說明

이백은 일찍이 齊魯 지방을 유람하였는데, 兗州 즉 지금의 曲阜에서 한동안 지냈다. 이 시는 당시 그의 거리낌 없고 자유로운 생활을 묘사하였다. 해질 무렵, 서산에는 붉은 해가 반쯤 걸려 석양은 마지막 한 줄기 빛을 대지로 던진다. 하늘이 물에 비쳐 물은 푸르고 모래는 밝다. 저녁 바람이 불어와 시냇물은 잔물결을 일으킨다. 그 물결은 모래톱을 일렁이고 냇가의 돌을 쓰다듬어, 물 속 돌 그림자도 물결 따라 출렁이고 물 따라 감돈다. 이 광경이 시인의 遊興을 자극한다. 그래서 그는 배를 타고 흥에 겨워 시내를 내려간다. 그 때, 달은 이미 중천에까지 떠올라 교교하게 빛나는데, 배는 달빛 일렁이는 수면에서 출렁거리며 물결에 떠도는 대로 내맡겨둔다. 달빛에 비친 대지는 마치 눈이 내린 것처럼 하얗다. 그래서 시인은 상상한다. 이곳은 눈 내린 뒤의 산음이 아닌가? 나는 친구를 찾아갔다가 만나지고 않고 그냥 돌아온 왕휘지가 아닌가?

贈孟浩然
맹호연에게

吾愛孟夫子
風流天下聞
紅顔棄軒冕
白首臥松雲
醉月頻中聖
迷花不事君
高山安可仰
徒此揖淸芬

나는 맹 선생을 경애하노니
멋스러움 천하에 알려져 있다.
젊어서 높은 관직 이미 버렸고
백발 되어 솔 구름에 누워 지낸다.
달에 취해 빈번히 성인에 취하고
꽃에 빠져 임금을 섬기지 않는다.
높은 산 어찌 가히 우러러 보리
그저 예서 청향에 읍할 뿐이라.

注釋

1) 夫子(부자) : 고대에 남자에 대한 존칭.
2) 風流(풍류) : 맹호연의 사람됨이 풍아하고 소탈함을 가리킨다.
3) 紅顔(홍안) : 남자의 젊은 나이. 청춘의 건장한 안색을 말한다. 朱顔이라고도 한다.
4) 軒冕(헌면) : 고급 官爵. 軒은 대부 이상의 고관이 타는 덮개가 있는 수레, 冕은 대부 이상이 쓰는 禮帽인 면류관. 여기서는 널리 관직을 가리킨다.
5) 臥松雲(와송운) : 자연에 묻혀 지내는 것을 말한다.
6) 醉月(취월) : 달밤에 술에 취하다, 또는 달빛에 도취하다.
 中聖(중성) : 술에 취한 것을 말하는 은어. ≪三國志·魏志·徐邈傳≫에 이런 일화가 전한다. 尙書郞 徐邈이 술에 취해 있는데 校事 趙達이 와서 업무를 상의하자, 서막은 "성인에 취했소(中聖人)."라고 하였다. 조달이 曹操에게 고하자 조조가 심하게 화를 내었는데, 鮮于輔가 "평소에 취객들은 술이 맑은 것은 聖人이라고 부르고 탁한 것은 賢人이라고 한다."고 해명하였다.
7) 迷花(미화) : 꽃에 빠지다. 자연에 마음을 두고 있는 것을 말한다.
8) 高山(고산) : 속세에 영합하지 않고 자연에 귀의한 맹호연의 고결한 인품을 비유한다. 이 구는 ≪詩經·小雅·車舝≫의 "높은 산 우러러 보고, 큰 길을 걸어간다(高山仰止, 景行行止)."를 전고로 취하였다.
9) 徒此(도차) : 다만 여기에서.
 揖(읍) : 읍을 하다, 존경을 표하다.
 淸芬(청분) : 맑은 향기. 고상한 節操를 비유한다.

說明

맹호연이 南山으로 돌아갈 때 이백이 전송하면서 지은 시이다. '白首' 구를 통해서 보면 맹호연의 만년 시기이다. 舊注에는 "대체로 처음 알게 되면서 이렇게 존경의 예를 표한 것"이라고 하였다. 宋 計有功(1126 전후)의 ≪唐詩紀事≫에 의하면, 山南採訪使 韓朝宗이 맹호연의 詩律을 愛重하여 조정에 천거하여 頌詩를 짓게 하고자 하였는데, 맹호연이 "이미 술을 마시고 몸이 즐거워졌는데 어느 겨를에 다른 일을 하겠느냐."고 꾸짖었다고 한다. 시의 '中聖'과 부합하는 일화이다. '中酒'라고 하지 않고 '中聖'이라고 한 것은 맹호연의 人品을 '聖人'으로 나타내려는 의도적인 표현이다. 이백의 맹호연에 대한 존경은 이뿐만 아니라 전편을 통하여 강하게 드러난다. 같은 시인의 〈黃鶴樓送孟浩然之廣陵〉을 참고로 읽을 만하다.

* 黃鶴樓送孟浩然之廣陵

故人西辭黃鶴樓　친한 벗 서쪽에서 황학루를 떠나서
煙花三月下揚州　꽃 피는 춘삼월에 양주로 내려가네.
孤帆遠影碧空盡　외로운 배 먼 그림자 벽공으로 사라지고
惟見長江天際流　하늘가로 흘러가는 양자강만 보이네.

送友人
벗을 보내며

青山橫北郭
白水繞東城
此地一爲別
孤蓬萬里征
浮雲遊子意
落日故人情
揮手自玆去
蕭蕭班馬鳴

푸른 산은 북쪽 성에 비스듬하고
맑은 물은 동쪽 성을 감아 흐른다.
이곳에서 이렇게 한 번 헤지면
쑥대처럼 외로이 만 리 떠돌 터.
떠도는 구름은 나그네 마음
기우는 석양은 친구의 심정.
손 흔들고 여기서 떠나가려니
나뉘는 말 쓸쓸히 울음을 운다.

注釋

1) 郭(곽) : 외성. 孟浩然의 〈過故人莊〉 참조.
2) 一(일) : 어기를 강화하기 위한 조사.
3) 蓬(봉) : 풀 이름. 망초과 식물. 마른 뒤에는 뿌리가 끊어져 바람이 불면 쉽게 날려 다니므로 '飛蓬'이라고도 한다. 여기서는 멀리 떠나는 나그네를 비유한다.
4) 浮雲(부운) : 뜬구름. 부운은 정처 없이 떠돌기 때문에 나그네의 마음을 비유하는 데 사용하였다.
5) 落日(낙일) : 지는 해. 지는 해는 붙들어 두고자 하여도 할 수 없다. 그래서 헤어지기 싫어도 어쩔 수 없이 헤어져야 하는 主客의 마음을 비유하는 데 사용하였다.
6) 蕭蕭(소소) : 말 울음소리.
班馬(반마) : 헤어지는 말. 말조차도 무리를 떠나기를 슬퍼하는 마음이 있다는 뜻도 들어 있다.

說明

天寶 말(754)에 지은 송별시이다. 靑山과 白水, 浮雲과 落日로 이별 당시의 정경을 한 폭의 그림처럼 묘사하였다. 이 광경 속에 헤어져야 할 遊子와 故人과 班馬가 어우러져 들어가 있어 진한 석별의 정을 드러낸다. 시어가 유창하면서도 情意가 완곡하면서 은근하다. 淸 沈德潛(1673-1769)은 ≪唐詩別裁≫에서 "蘇武와 李陵의 이별시는 탄식은 많이 하지만 좌절에 찬 소리는 없으니, 고인이 시를 지음에 있어 남김없이 다 드러내는 데에 있지 않음을 알 수 있는데, 이백 역시 이러한 취지를 잃지 않았다."고 하였다.

登金陵鳳凰臺
금릉의 봉황대에 올라서

鳳凰臺上鳳凰遊
鳳去臺空江自流
吳宮花草埋幽徑
晉代衣冠成古丘
三山半落靑天外
二水中分白鷺洲
總爲浮雲能蔽日
長安不見使人愁

봉황대 위에서는 봉황이 놀았었지
봉황 떠나 대는 비고 강물만 흐르누나.
오궁의 화초는 외진 길에 묻혀 있고
진대의 의관은 옛 무덤 되었구나.
삼산은 청천 밖에 반쯤 내려앉았고
두 물은 백로주에 중간이 나뉘었다.
언제나 뜬구름에 태양이 가려지니
장안을 볼 수 없어 시름이 더해진다.

注釋

1) **金陵(금릉)** : 지금의 江蘇省 南京市. 전국시대에 楚나라가 여기에 金陵邑을 설치하였다.

   鳳凰臺(봉황대) : 옛 터는 지금의 남경 鳳臺山에 있다. 劉宋 文帝 元嘉 16년(439)에 五色鳥 세 마리가 날아왔는데 당시 봉황새로 여기고, 그 산을 鳳凰山이라고 명명하고 鳳凰臺를 지었다고 한다.

2) **吳宮(오궁)** : 삼국시대 東吳는 黃龍 3년(229)에 금릉으로 천도하고 궁실을 지었다.

3) **晉代(진대)** : 東晉을 가리킨다. 서진 愍帝가 316년 前趙의 劉曜에게 잡혀간 뒤 317년 왕위에 오른 司馬睿는 수도를 金陵으로 옮겼다.

   衣冠(의관) : 당시의 명문세족을 가리킨다.

   成古丘(성고구) : 그런 인물들은 모두 古墓로 남아 있다는 뜻이다.

4) **三山(삼산)** : 산 이름. 남경 남서쪽 양자강 가에 있다. 세 봉우리가 나란히 남북으로 늘어서 있어서 이렇게 부른다.

   半落靑天外(반락청천외) : 멀어서 분명하게 보이지 않는 것을 나타낸다.

5) **二水(이수)** : '一水'로 된 판본도 있다. 秦淮河는 남경을 지난 뒤 양자강으로 합류하는데 白鷺洲가 그 사이에 가로놓여 있어 두 가닥으로 나뉜다.

   白鷺洲(백로주) : 고대 양자강 가운데 있던 모래톱으로 남경 水西門 밖에 있다. 백로가 많이 모여들어 이렇게 부른다.

6) **浮雲蔽日(부운폐일)** : 간사한 무리가 賢良한 사람들을 방해하는 것을 비유한다. 漢 陸賈의 ≪新語·愼微≫에 "邪臣이 賢臣을 가리는 것은 浮雲이 日月을 막는 것과 같다."고 하였다. 〈古詩十九首·行行重行行〉에 "뜬구름이 태양을 가리어, 나그네는 돌아올 생각도 않네(浮雲蔽白日, 遊子不顧返)."라고 하였다.

7) **長安(장안)** : 지금의 陝西省 西安市. 당나라의 수도였다. 高步瀛(1873-1940)은 "이백의 이 시는 전체가 崔顥의 〈黃鶴樓〉를 본떴지만 끝내 최호 시의 超妙함에 못 미쳤는데, 마지막 구의 用意는 나은 것 같다."고 하였다.

說明

肅宗 上元 2년(761) 시인이 세상을 뜨기 1년 전 작일 것이다. 懷古하는 가운데 시절을 안타까워하는 마음이 드러난다. 舊說은 이백이 최호의 〈黃鶴樓〉 시를 보고 이 시를 지어 승부를 겨루고자 하였다고 하였지만, 宋 計有功(1126 전후)은 ≪唐詩紀事≫에서 “아마 그렇지는 않을 것”이라고 하였다. 元 方回(1227-1305)는 ≪瀛奎律髓≫에서 이백의 시는 최호의 시와 비슷하여 “격률과 기세가 우열을 가리기 어렵다.”고 하였다. 淸 紀昀(1724-1805)은 방회의 견해에 동의하지 않고 “氣魄이 최호의 시보다 훨씬 못한데 우열을 가리기 어렵다고 한 것은 틀렸다.”고 하였고, 또 “이백은 七言律詩에 뛰어나지는 않았으니 이 부류는 모두 佳處가 아니다.”라고 하였다. ≪唐詩三百首≫에도 杜甫의 칠언율시는 13수나 수록한 반면 이백의 칠언율시는 이 시 한 수밖에 없다. 참고 : 이백 〈金陵鳳凰臺置酒〉, 崔顥 〈黃鶴樓〉

* 金陵鳳凰臺置酒

置酒延落景	술 따라서 지는 해 붙들어두네
金陵鳳凰臺	금릉 땅 봉황대 누대 위에서.
長波寫萬古	긴 물결 만고에 쏟아 내리고
心與雲俱開	마음은 구름과 함께 열린다.
借問往昔時	묻노니 지나간 그 먼 옛날에
鳳凰爲誰來	봉황은 누구 위해 찾아왔던가.
鳳凰去已久	봉황이 떠나간 지 이미 오랜데
正當今日回	바로 오늘 이날에 돌아왔다네.
明君越羲軒	밝은 임금 伏羲 黃帝 뛰어넘었고
天老坐三臺	어진 신하 三臺에 앉아 있으니.
豪士無所用	호걸 지사 쓰일 곳 없어졌으니
彈弦醉金罍	현이나 튕기면서 술에 취하세.
東風吹山花	봄바람은 산꽃에 불어오는데
安可不盡杯	어찌 술잔 비우지 않을 수 있나.
六帝沒幽草	육조 제왕 잡초 속에 묻혀버렸고
深宮冥綠苔	구중궁궐 이끼로 어두워졌네.
置酒勿復道	술 드시게, 더 이상 아무 말 말고
歌鐘但相催	노래하고 종 울리며 즐겨나 보세.

崔 顥
(704?-754)

汴州(지금의 河南省 開封市) 사람이다. 玄宗 開元 11년(723) 진사에 급제하였고, 天寶(742-756) 연간에 尙書省 司勳員外郞을 지냈다. 그의 시는 전후기로 선명하게 구분이 된다. 전기에는 주로 閨情詩를 많이 짓고 浮艶한 경향이 강하였다. 후기에는 邊塞詩를 주로 지었으며 풍골이 늠연하다는 평가를 받는다. 〈黃鶴樓〉는 그의 대표작으로 李白(701-762)을 굴복시켰다는 일화가 있다. ≪崔顥集≫이 있다.

黃鶴樓
황학루에서

昔人已乘黃鶴去
此地空餘黃鶴樓
黃鶴一去不復返
白雲千載空悠悠
晴川歷歷漢陽樹
芳草萋萋鸚鵡洲
日暮鄉關何處是
煙波江上使人愁

옛 사람 황학 타고 이미 떠나 버렸으니
이곳엔 황학루만 텅 빈 채 남아 있다.
황학은 한 번 간 뒤 다시는 오지 않고
흰 구름만 천년토록 부질없이 떠돈다.
맑은 날 시내에는 한양 나무 뚜렷하고
향기로운 풀들은 앵무주에 무성하다.
날은 저무는데 고향은 어디인가
안개 피는 강가에서 시름에 잠긴다.

注釋

1) **黃鶴樓(황학루)** : 지금의 湖北省 武漢市 양자강 남안 武昌의 蛇山 黃鵠磯 위에 있다. 처음 지어진 것은 삼국시대 吳나라 孫權의 黃武 2년(223)이다. 황학루에는 신선과 관련된 전설들이 여럿 전해진다. 이 시가 지어지기 전의 기록으로는 ≪南齊書·州郡志≫에 전설 속의 신선 子安이 황학을 타고 이곳을 지나갔다고 한 것이 있다. 그 이후의 기록으로는 먼저 宋代에 편찬된 ≪太平寰宇記≫에 삼국시대 蜀漢의 費褘(자 文偉)가 이 누대에서 학을 타고 신선이 되어 하늘로 올라갔다고 한 것이 있다. 또 淸 褚人獲(1635-?)의 ≪堅瓠集≫에는 다음과 같은 재미있는 이야기가 실려 있다. 전해오는 이야기에 唐나라 시기의 呂純陽(唐代 사람. 자는 洞賓. 도교 八仙 중의 하나)이 일찍이 이곳에 여행을 와서 술집에 오래도록 기거하면서 매일 몇 단지의 술을 마셔 수백 단지를 마시고 값을 치르지도 않고 또 술을 달라고 하였다. 주인이 싫어하는 기색 없이 주자 순양은 기뻐하였다. 마침 수박을 먹고 있었는데 그 껍질로 벽에 학을 한 마리 그렸다. 처음에는 색깔이 수박껍질의 푸른색이었는데 오래 되자 누렇게 되어 마침내 황학이 되었다. 순양은 또 술집 심부름하는 아이에게 노래를 가르치고 자신은 박자판으로 박자를 맞추었다. 이윽고 노래를 부르자 학이 벽에서 날아 내려와 나풀나풀 춤을 추었다. 감상을 하면서 술을 마시는 사람이 하루에 수천 명이 되었다. 몇 달이 지나자 술집은 수백만 금을 벌어 갑자기 거부가 되었다. 돈을 순양에게 주니 순양은 받지 않았다. 마침내 이 樓를 지어 감사를 표하여 이름을 黃鶴樓라고 하였다. 淸 王庭楨의 ≪江夏縣志≫에 인용된 〈報應錄〉에도 이와 비슷한 이야기가 실려 있다. 술집 주인은 辛씨로, 도사는 남루한 옷을 입은 한 先生으로, 학을 그린 소재는 귤껍질로 되어 있고, 그 선생은 나중에 피리를 불어 하늘의 白雲이 내려오고 벽의 황학이 내려와 황학과 백운을 타고 하늘로 날아갔다고 한 것이 다를 뿐이다.

2) **昔人(석인)** : 황학을 타고 간 전설 속 신선을 가리킨다.
   黃鶴(황학) : '白雲'으로 된 판본도 있다.

3) **悠悠(유유)** : 정처 없이 떠도는 모양, 또는 오랜 모양.

4) **歷歷(역력)** : 분명하다, 뚜렷하다.
   漢陽(한양) : 지금의 무한시 한양구 漢水 남서쪽, 武昌의 북서쪽에 있는 지역으로 황학루와 양자강을 사이에 두고 마주보고 있다.

이 구는 강물을 사이에 두고 한양의 나무들을 또렷이 볼 수 있다는 뜻이다.

5) 萋萋(처처) : 풀이 무성하게 우거진 모양.
   鸚鵡洲(앵무주) : 지금의 무한시 남서쪽, 무창의 북쪽 양자강 가운데에 있는 모래톱. 東漢 禰衡(173-198)이 일찍이 이곳에서 〈鸚鵡賦〉를 지었기 때문에 앵무주라고 한다는 이야기가 전한다. 여러 차례 강물에 쓸려 지금은 옛 모습이 아니다.
6) 鄕關(향관) : 고향.

說明

이 시는 역대로 절창으로 추앙받아 왔다. 宋 嚴羽는 ≪滄浪詩話≫에서 唐人 律詩 중 으뜸이라고 하였고, ≪唐詩三百首≫는 〈七言律詩〉편에서 맨 앞에 두었다. ≪唐才子傳≫에 의하면, 李白이 황학루에 올라 "'안전에 景 있어도 표현하기 어려운데, 최호가 지은 시가 제일 위에 놓여 있네(眼前有景道不得, 崔顥題詩在上頭).'라고만 하고, 시를 짓지 못하고 떠났으니, 哲匠 때문에 손을 거두어버렸다."고 하였다. 나중에 이백은 〈登金陵鳳凰臺〉와 〈鸚鵡洲〉를 지었는데, 모두 최호의 이 시를 본뜬 것이라고 한다. 최호의 이 시는 전편이 구름을 보고 선인을 생각하지만 선인은 간 곳을 알 수가 없는데, 날은 저물어 강가에 연파가 어리니 고향생각이 더욱 간절해지는 것을 그렸다. 율시이기는 하지만 전반적으로 율시의 금기를 많이 범하였다. '黃鶴'이라는 시어를 세 구에 연거푸 사용한 것이 그러하고, 특히 제3구는 '黃'자를 제외한 여섯 자가 모두 仄聲이고 제4구는 끝 석 자가 평성인 '下三連'으로 근체시에서 매우 꺼리는 拗句일 뿐만 아니라, 이 두 구는 '黃鶴'과 '白雲'은 색채대이지만 '一去'와 '千載'는 얼핏 數目對로 보이지만 동사와 명사로서 工對가 아닌데다가 끝 석 자는 대우로 볼 수 없다. 그러나 낭송하면 도리어 낭랑하고 자연스러워 정교한 대우와 엄밀한 평측격식을 지킨 것보다 더 낫다. 이 점 때문에 역대 평자들이 칭송하였고 詩仙 이백도 좋아하였던 것 같다. 참고 : 李白 〈登金陵鳳凰臺〉

高 適
(700-765)

字는 達夫이며 渤海 蓨縣(지금의 河北省 景縣) 사람이다. 어렸을 때에 생활이 빈곤하였고 일찍부터 벼슬길에서 실의하여, 장기간 梁(지금의 河南省 開封市 일대), 宋(지금의 하남성 商丘市 일대), 燕(지금의 河北省 북부 일대), 趙(지금의 山西省 동부와 하북성 서부 지역) 등지를 만유하면서 시골 사람들과 어울려 지냈다. 天寶 8년(749) 有道科에 급제하여 封丘縣尉(봉구현은 지금의 하남성에 속함)가 되었으나 얼마 안 있어 그만두었다. 천보 12년(753), 河西節度使 哥舒翰의 막부로 들어가 幕府掌書記에 충당되었다. 安史의 난이 일어나자 侍御史가 되고 諫議大夫로 옮겼다. 나중에 淮南·西川節度使, 刑部侍郞을 역임하였으며, 마지막으로 散騎常侍가 되고 渤海縣侯에 봉해져, 세상에서는 高常侍라고 불렀다. 시는 변지의 전쟁과 개인의 감개를 읊은 것이 많다. 시풍은 雄建하고 奔放하며 격앙되고 강개하다. 변새시는 岑參(715-770)과 이름을 나란히 하여 '高岑'으로 병칭된다. ≪高常侍集≫이 있다.

別董大
동정란과 헤어지며

千里黃雲白日曛
北風吹雁雪紛紛
莫愁前路無知己
天下誰人不識君

천 리에 누런 구름 흰 해는 어슴푸레
북풍에 기러기 오고 흰 눈은 펄펄.
가는 길에 知己 없다 근심하지 마시게
천하의 어느 누가 그대를 모르리.

注釋

1) 董大(동대) : 董庭蘭(695?-765?). 唐 玄宗(712-756 재위) 때의 저명한 琴客이다. 형제 가운데 맏이여서 '大'라고 불렀다.
2) 曛(훈) : 햇빛이 어슴푸레해지는 것을 가리킨다.
3) 君(군) : 董大를 가리킨다.

說明

호매한 마음을 보여주는 송별시이다. 董大는 당시 유명한 琴師 董庭蘭으로, 絶倫의 기예를 지녔지만 아무도 알아주지 않아 마침 塞北에 유랑하고 있었다. 고적은 그와 처지가 흡사하고 의기도 투합하였는데, 두 사람은 늦게 만났지만 또 총총히 헤어질 수밖에 없었다. 어느 겨울날 황혼녘, 황량하고 차가운 塞外에 황사가 천 리에 자욱이 퍼져 하늘과 태양을 가리고, 구름이 나직하게 드리워져 태양도 빛을 잃는다. 어둠은 점차 짙어지는데, 거센 북풍을 타고 기러기 떼는 남으로 날아가고, 펄펄 날리는 저녁 눈은 아득한 사막을 뒤덮는다. 이처럼 처량한 시각 이별의 갈림길에 서서, 시인은 깊은 우정을 마음에 간직한 채 호기롭게 친구를 위로한다. "갈 길은 멀고 지기는 만나기 어렵다고 염려하지 마시게, 천하가 비록 넓어도 그대 동정란 이름 석 자를 듣지 못한 사람이 어디 있겠는가, 그대는 무엇 때문에 지음을 못 만날 걱정을 하는가?" 董大에 대한 위로이면서, 시인 자신의 감개이기도 하다.

劉長卿
(709?-780?)

字는 文房이며 河間(지금의 河北省 河間縣) 사람이다. 開元 21년(733)에 진사에 급제하였고, 관직은 隨州刺史(수주는 지금의 湖北省 隨縣)에까지 올랐다. 그는 사람됨이 강직하여 한평생 "권세 있는 이들의 비위를 많이 거슬러" 여러 차례 귀양을 갔다. 詩名을 중당 전기에 날렸다. 떠돌이 관리로서의 불우감과 귀양살이의 고독과 근심 및 산수자연에 탐닉하는 한가로운 감회를 토로한 시가 많다. 시는 예술면에서 구상이 세밀하고 청신하면서 세련된 특색을 지니고 있는데, 더욱이 오언율시는 당시에 상당히 명성이 자자하여, '五言長城'이라고 불렸다. ≪劉隨州集≫이 있다.

逢雪宿芙蓉山主人
눈 오는 밤 부용산에 묵다

日暮蒼山遠
天寒白屋貧
柴門聞犬吠
風雪夜歸人

해 저문데 푸른 산 아득히 멀고
날 추운데 흰 초가집 가난도 하네.
사립문에 개 짖는 소리 들리니
눈바람 속 돌아오는 사람이런가.

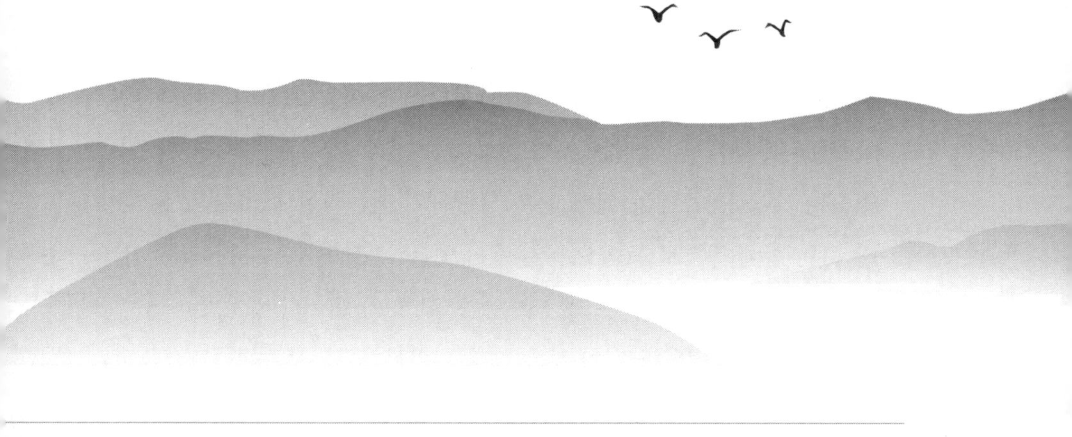

注釋

1) 芙蓉山(부용산) : 山東省 臨沂縣, 湖南省 桂陽縣과 寧鄕縣, 福建省 閩侯縣, 廣東省 韶關市 曲江區 등지에 부용산이 있다. 이 시의 부용산이 어느 곳인지는 확실치 않다.
   宿芙蓉山主人(숙부용산주인) : 부용산의 인가에 투숙하였다는 뜻이다.
2) 白屋(백옥) : 흰 띠로 지은 초가집 또는 전혀 꾸미지 않은 집. 가난한 사람이 거처하는 집을 가리킨다.
   貧(빈) : 쓸쓸하다.
3) 吠(폐) : 개가 짖다.
4) 柴門(시문) 두 구 : 갑자기 개 짖는 소리가 들리는 걸 보니 바람 불고 눈 내리는 속에 밤에 행인이 집으로 돌아오는 것 같다는 뜻이다.

說明

한 폭의 그림이다. 起句는 저물녘 산길을 가는 시인의 눈에 비친 산속 광경이다. 承句는 추운 날씨에 하룻밤을 묵어갈 초가집의 초라함을 그렸다. 轉句와 結句는 초가집에 투숙한 후 밤이 이슥해진 뒤 들려오는 개 짖는 소리와 뒤를 이은 사람들의 떠들썩한 소리이다. 눈바람 치는 밤에 집으로 돌아오는 사람이 있는 이 장면에는, 시인의 부러움과 고독감이 은연중 드러나고 있다. 朝鮮의 화가 崔北(1720?-?)의 〈風雪夜歸人〉圖는 바로 이 시를 그린 그림이다.

長沙過賈誼宅
장사에서 가의의 고택을 찾아

三年謫宦此棲遲
萬古惟留楚客悲
秋草獨尋人去後
寒林空見日斜時
漢文有道恩猶薄
湘水無情弔豈知
寂寂江山搖落處
憐君何事到天涯

삼 년을 귀양 와서 이곳에 머물러
만고에 남겼네, 초객의 슬픔을.
가을 풀 홀로 찾네, 사람들 떠난 뒤에
차가운 숲 바라보네, 해 기우는 이때에.
한 문제는 덕 있으나 은혜는 박하였지
상수는 무정하니 조문한들 어찌 알랴.
쓸쓸하다 강산이 황량한 이곳에
그대는 어인 일로 하늘 끝에 왔던가.

注釋

1) 賈誼宅(가의택) : 賈誼(200-168 BC)는 일찍이 長沙王太傅로 폄적된 적이 있다. ≪元和郡縣志≫에 "가의의 고택은 長沙縣 남쪽 40步에 있다."고 하였다.

2) 謫宦(적환) : 관리가 폄적되어 추방되다.
   棲遲(서지) : 머물다.

3) 楚客(초객) : 가의를 가리킨다. 아울러 시인 자신을 말한다. 長沙는 옛 초나라 땅이었다.

   이상 두 구는 가의가 이곳으로 폄적되어 머문 기간은 3년에 불과하지만 후세에 남긴 비애는 영구적이라는 뜻이다.

4) 秋草(추초) 구 : 가의가 장사에 머물 때 올빼미가 거실로 날아든 일이 있었는데, 상서롭지 못한 일로 여겨 〈鵩鳥賦〉를 지었다. 이 부에서 가의는 "경자일 해가 기우는 구나, 올빼미가 나의 집에 모였네(庚子日斜兮, 鵩集余舍)." "야생조가 방으로 들어오는 구나, 주인이 장차 떠나겠구나(野鳥入室兮, 主人將去)." 라고 하였다.

5) 漢文(한문) : 漢 文帝(180-157BC 재위). 문제는 역사적으로 明主로 평가되지만, 賈誼에 대해서는 능력을 인정하지 않았다. 마지막으로는 가의를 梁懷王太傅로 내보냈는데 양회왕이 落馬하여 죽자 가의는 그 때문에 답답해하다가 죽었다.

6) 湘水(상수) 구 : 가의는 장사에 머물 적에 상수를 건너면서 屈原을 애도하는 〈弔屈原賦〉를 지었다.

7) 搖落(요락) : 황량하다.

8) 憐君(연군) : 가의를 가련히 여기다. '君'은 실은 시인 자신이다.

9) 天涯(천애) : 매우 먼 곳.

說明

시인은 두 차례 폄적을 당하였는데, 그 때문에 賈誼 같은 역사 인물에 대해 쉽게 공감하였다. 그렇기 때문에 작품 속 賈誼의 모습은 실은 시인 자신의 모습의 투영이다. 淸 沈德潛(1673-1769)은 ≪唐詩別裁≫에서 이 시 끝구에 대해 "가의가 좌천되어 폄적된 것은 본래 참언 때문인데, 지금 무슨 일로 왔느냐고 하였으니 含情이 무궁하다."고 하였다. 淸 方東樹(1772-1851)는 ≪昭昧詹言≫에서 "마무리는 자신으로 託意하였다. 또한 전적으로 言外에 시를 지은 사람과 고택을 방문한 사람이 들어 있다."고 하였다.

杜 甫
(712-770)

字는 子美, 祖籍은 襄陽(지금의 湖北省 襄樊市)인데, 河南省 鞏縣에서 태어났다. 조부 杜審言(645?-708?)은 초당의 저명한 시인이고, 부친 杜閑(682-741)은 일찍이 司馬와 縣令 등의 관직을 역임하였다. 어려서부터 유가사상을 받아들여 정치적 포부가 있었다. 開元(713-742) 후기에 진사과에 응시하였으나 낙방하여 각지를 만유하였다. 天寶 3년(744) 洛陽에서 李白(701-762)과 알게 되었다. 나중에 長安(지금의 陝西省 西安市)에 寓居하면서 거의 10년 간 빈궁한 생활을 하였다. 玄宗에게 〈三大禮賦〉를 지어 바친 '獻賦'에 의하여 비로소 관직을 얻었다. 安史의 난이 일어난 후, 鳳翔(지금의 陝西省에 속함)으로 피난하여 肅宗을 알현하고 左拾遺가 되었다. 장안이 수복된 뒤 숙종을 수행하여 환도하였는데, 패전한 재상 房琯(697-763)을 구하려는 상소를 올린 일로 華州司功參軍(화주는 지금의 陝西省 華縣 일대)으로 좌천되었다. 오래지 않아 벼슬을 그만두고 蜀으로 들어가서, 成都 浣花溪 草堂에 거처를 정하였다. 嚴武(726-765)가 西川節度使가 되었을 때, 천거되어 檢校工部員外郞이 되었기에 세상에선 그를 杜工部라고 불렀다. 엄무 사후에 가솔을 이끌고 성도를 떠나 夔州(지금의 사천성 奉節縣), 岳州(지금의 湖南省 岳陽市), 潭州(지금의 호남성 長沙市), 衡州(지금의 호남성 衡陽市) 등지를 떠돌아다녔다. 大曆 5년(770) 湘水의 물길을 따라 배를 타고 가는 도중에 선상에서 병으로 죽었다. 당나라가 개원(713-742)·천보(742-756)의 盛世에서 분열과 쇠락으로 향해가는 역사적인 시대를 살아, 두보는 詩筆로써 안사의 난 전후의 사회현실을 진실하게 반영하였다. 그래서 그는 당대를 대표하는 현실주의 시인이 되었고 그의 시는 '詩史'로 불리게 되었다. 그의 시는 다양한 양식을 겸비하고 풍격이 다양하며 沈鬱頓挫한 예술적 풍모를 이룩하였다. '詩聖'으로 칭송된다. 현존하는 시는 1,400여 수이며 ≪杜少陵集≫이 있다.

江畔獨步尋花
강가에서 꽃을 찾아 홀로 거닐며

黃四娘家花滿蹊
千朶萬朶壓枝低
留連戲蝶時時舞
自在嬌鶯恰恰啼

황사 부인 댁에는 꽃이 길에 가득하여
천 송이 만 송이가 가지를 짓누르네.
나비는 맴을 돌며 때때로 춤을 추고
꾀꼬리는 자유로이 때맞춰 울음 우네.

注釋

1) **黃四娘家(황사낭가)** : 淸 浦起龍은 ≪讀杜心解≫에서 황사낭을 기녀로 보고, 그러면 제3,4구의 '戱蝶', '嬌鶯'과 꼭 들어맞는다고 하였다. 그러나 近人 蕭滌非는 ≪杜甫詩選≫에서 '娘' 또는 '娘子'는 당나라 때 부녀에 대한 존칭이고, 당나라 사람들은 排行으로 호칭하는 것이 상대에 대한 존경의 표시였다고 하였다.
2) **留連(유련)** : 아쉽고 서운하여 차마 떠나지 못하다.
3) **恰恰啼(흡흡제)** : 마침 울기 시작하다. '恰恰'은 당나라 시대의 구어로, 통상 '恰' 한 자만으로 동사와 결합한다. '恰有', '恰似', '恰値', '恰受' 등을 예로 들 수 있는데, 恰은 모두 '마침'이나 '꼭 알맞게'의 뜻이다(蕭滌非, ≪杜甫詩選≫). 꾀꼬리의 울음소리를 나타내는 의성어로 보기도 한다.

說明

成都 초당에서 지낼 때인 761년에 지은 작품이다. 같은 제목으로 모두 일곱 수를 지었는데 이것은 그 중 제6수이다. 따뜻한 봄꽃이 만개하는 시절에, 시인은 홀로 강가를 만보하면서 꽃을 찾다가 부지불식간에 黃四 부인 댁에 이르렀다. 꽃밭과 길가로 꽃이 흐드러지게 피었다. 꽃에는 벌과 나비가 폴폴 춤을 추며 떠날 줄을 모르고, 위쪽 푸른 나무에서는 꾀꼬리가 때맞춰 아름답게 노래를 한다. 시인은 이러한 '留連'하고 '自在'한 정경에 완전히 도취된다. 꽃과 벌 나비와 꾀꼬리의 색깔과 소리의 조화 속에 생기발랄한 봄이 무르익고 시인의 여유롭고 즐거운 마음이 묻어난다.

絶句
절구

兩個黃鸝鳴翠柳
一行白鷺上青天
窓含西嶺千秋雪
門泊東吳萬里船

두 마리 노란 황조 푸른 버들에서 울고
한 줄기 흰 백로는 파란 하늘로 오른다.
창문은 서령의 천추설을 머금었고
대문엔 동오의 만리선이 정박했다.

注釋

1) **黃鸝(황리)** : 꾀꼬리.
2) **含(함)** : 포함하다. '窓含'은 창문을 통하여 바라볼 수 있다는 뜻이다,
   西嶺(서령) : 岷山. 成都의 서쪽에 있다.
   千秋雪(천추설) : 천 년 동안 쌓인 눈. 만년설.
   이 구는, **草堂**의 창문을 통하여 서쪽 민산 위에 수천 년 동안 녹지 않고 쌓여 있는 백설을 볼 수 있다는 뜻이다.
3) **東吳(동오)** : 江蘇省 일대를 가리킨다.
   이 구는 대문 앞에 동오로 갈 선박이 정박하고 있다는 뜻이다. **萬里**는 성도에서 동오까지의 거리를 대체적으로 나타낸 것이다.

說明

두보는 肅宗 上元 원년(760)에 甘肅에서 사천 성도로 와서 浣花溪 옆에 초당을 짓고 잠시 정착하여 비교적 편안한 마음으로 생활하였다. 寶應 원년(762) 徐知道의 반란으로 성도를 떠났다가 廣德 2년(764) 친구 嚴武가 成都尹 겸 劍南節度使가 되어 사천으로 돌아오자 그도 다시 성도의 초당으로 돌아왔다.

이 시는 두보가 자신의 거처인 성도 초당 주변의 풍경을 묘사한 짧은 시들 중의 한 수이다. 초당은 성도 교외에 있는데, 집 주변에는 푸른 버들이 줄지어 서 있고, 대청 앞으로는 錦江이 동쪽으로 흘러간다. 초봄에는 버드나무가 신록으로 우거지고 한 쌍의 꾀꼬리가 가지 위

에서 노래를 한다. 강물도 막 불어나고 강가에는 백로가 줄을 지어 하늘로 날아오른다. 푸른 하늘과 대비되어 눈처럼 흰 모습은 유달리 힘차고 경쾌하게 보인다. 서쪽 창문 밖으로는 만년설이 덮인 岷山의 풍경이 그림처럼 보인다. 동쪽으로는 대문 밖 강 가 萬里橋 아래에 멀리 東吳에서 온 선박이 정박하고 있다. 활기차고 생동적인 봄 풍경 속에 양자강을 따라 호북성의 고향으로 가고픈 마음이 은연중 드러난다.

春望
봄은 왔건만

國破山河在
城春草木深
感時花濺淚
恨別鳥驚心
烽火連三月
家書抵萬金
白頭搔更短
渾欲不勝簪

國都는 부서져도 산하는 남아있고
성에 봄이 오니 초목이 짙푸르다.
시절 느껴 꽃에도 눈물 흘리고
이별 한해 새소리에 심장 놀란다.
봉화는 석 달이나 연이어지니
집안 편지 만금의 값어치 있다.
흰머리 긁어서 더욱 짧아져
비녀조차 꽂을 수 없게 되었다.

注釋

1) 國破(국파) : 수도 長安이 반군에게 함락된 것을 가리킨다.
   山河在(산하재) : 산하만이 반란이 일어나기 전과 같다는 뜻이다.
2) 草木深(초목심) : 인가가 드물어졌기 때문에 봄이 오자 잡초가 더욱 무성해졌다는 것을 말한다.
3) 感時(감시) : 安祿山의 난 때문에 일어나는 감회를 말한다.

   이 구는 반란으로 국도가 함락된 國事를 생각하면 꽃을 보고도 눈물이 흐를 수밖에 없다는 뜻이다.

4) 恨別(한별) : 이별을 원망하다.

   이 구는 가족과 헤어진 지 오래되어 아름다운 새 소리에도 심장이 놀라 뛰게 되는 상황을 말하였다.

5) 烽火(봉화) : 봉화, 봉수. 본래 변경에서 불(밤)이나 연기(낮)를 피워 전란을 알리던 경보를 말한다. 戰亂을 비유한다.

   이 두 구는, 여러 달 동안 官軍과 叛軍 사이에 격렬한 전투가 진행 중이기 때문에, 집에서 온 편지는 가족의 소식을 알 수 있으니 무엇보다도 귀중하다는 것이다. 당시 두보는 長安에 있었고 가족은 鄜州(지금의 陝西省 富縣)에 있어서 소식을 듣기 힘들었다.

6) 白頭(백두) : 백발.
7) 渾(혼) : 거의.
   不勝簪(불승잠) : 머리카락이 적어서 비녀를 꽂을 수 없다는 뜻이다. 고대에 남자가 성년이 되면 머리를 묶어 모자를 썼는데 이 때 모자와 머리를 고정시키던 것이 簪이다.

說明

肅宗 至德 2년(757) 3월 반군의 점령 하에 있던 長安에서 지은 시이다. 봄은 좋은 계절이지만 국파가망의 상황을 직면하니 향기로운 꽃과 아름다운 새소리조차 비상과 한탄을 자아낸다. 시인은 時事에 대

한 걱정과 나라와 가족에 대한 염려와 그리움을, "시절 느껴 꽃에도 눈물 흘리고, 이별 한해 새소리에 심장 놀란다. 봉화는 석 달이나 연 이어지니, 집안 편지 만금의 값어치 있다."고 표현하였다. 이 두 연은 서정과 서경이 생동감이 넘쳐 천고의 명구가 되었다. 김소월은 이 시를 번안하여 〈봄〉이라는 제목으로 발표한 바 있다.

* 봄 (김소월)

이 나라 나라는 부서졌는데
이 山川 여태 山川은 남아 있더냐
봄은 왔다 하건만
풀과 나무에 뿐이어

오! 서럽다 이를 두고 봄이냐
치워라 꽃잎에도 눈물뿐 흩으며
새무리는 지저귀며 울지만
쉬어라 이 두근거리는 가슴아

못 보느냐 벌겋게 솟구는 봉숫불이
끝끝내 그 무엇을 태우려 함이료
그리워라 내 집은
하늘 밖에 있나니

애달프다 긁어 쥐어뜯어서
다시금 짧아졌다고
다만 이 희끗희끗한 머리칼뿐
인제는 빗질할 것도 없구나

月夜
달밤

今夜鄜州月
閨中只獨看
遙憐小兒女
未解憶長安
香霧雲鬟濕
淸輝玉臂寒
何時倚虛幌
雙照淚痕乾

오늘 밤 부주에 떠 있는 달을
규방에서 홀로이 보고 있겠지.
멀리서도 가련해라, 어린 아들 딸
장안을 그릴 줄은 아직 모르리.
향기로운 안개에 구름머리 축축하고
맑은 달빛에 옥 팔뚝 차가우리.
어느 때 빈 휘장에 기대어서서
둘 비춰 눈물 흔적 말려나 보리.

注釋

1) 鄜州(부주) : 지금의 陝西省 富縣. 西安市의 정북에 위치한다. 당시 安祿山이 난을 일으키자 두보는 가족을 이곳으로 피난시켰다.

2) 閨中(규중) : 본뜻은 內室. 여기서는 규중에 있는 사람 즉 아내를 가리킨다.

3) 憶長安(억장안) : 장안에 있는 아버지를 그리워하다. 元 方回(1227-1305)의 ≪瀛奎律髓≫에 淸 紀昀(1724-1805)이 批注하여 "아들딸이 그리워할 줄 모른다고 한 것은 바로 규중의 사람이 그리워함을 말한 것이다."라고 하였다.

4) 香霧(향무) : 향기로운 안개. 明 仇兆鰲(1638-1717)는 ≪杜詩詳註≫에서 "안개는 본래 향기가 없다. 향기는 머리카락의 화장품에서 생기는 것이다."라고 하였다.

雲鬟(운환) : 본래 높이 올린 고리모양의 쪽을 가리킨다. 여기서는 머리카락의 뜻.

이 구는, 아내가 남편을 그리며 밤중에 잠을 못 이루고 달 아래에 우두커니 서 있느라 밤안개가 머리카락을 축축이 적실 것이라고, 시인이 상상하는 것이다.

5) 淸輝(청휘) : 달빛을 가리킨다.

玉臂(옥비) : 여자의 희고 보드라운 팔을 형용한다.

이 구는 달빛 아래 오래 서 있느라 틀림없이 추위를 느낄 것임을 말한다.

6) 虛幌(허황) : 빛을 투과시키는 발이나 휘장을 가리킨다.

7) 雙照(쌍조) 구 : 달빛에 쬐어 우리 두 사람의 눈물 흔적을 마르게 한다.

淸 黃生(1622-?)은 ≪杜工部詩說≫에서 "'照'자는 '月'자와 호응하고 '雙'자는 '獨'자와 호응하여, 말의 의미가 영롱하고 章法이 긴밀하게 연결된다. 오언율시가 이 경지에 이르렀다면 '詩聖'이라고 부르기에 손색이 없다."고 하였다.

說明

肅宗 至德 원년(756) 8월에 두보는 가족과 피난을 하여 鄜州까지 갔다. 그리고 자신은 靈武(지금의 寧夏回族自治區에 속함)의 肅宗 行在所로 가다가 중도에 반군에 체포되어 長安으로 압송되었다. 이 시는 가을 달밤에 장안에서 아내를 그리며 지은 것이다. 두보의 아내는 司農少卿 楊怡의 딸인데, 두 사람은 艱難辛苦한 생활을 같이 겪었기 때문에 정이 돈독하여 두보는 아내와 헤어질 때마다 그리는 시를 남겼다. 이 시는 본래 자신이 가족을 그리워하는 것이지만, 오히려 아내가 자신을 그리워하는 것으로 묘사하였다. 그래서 감정도 더욱 완곡하면서 깊이가 있다.

月夜憶舍弟
달밤에 아우들을 그리며

戍鼓斷人行
秋邊一雁聲
露從今夜白
月是故鄕明
有弟皆分散
無家問死生
寄書長不達
況乃未休兵

수루의 북소리에 사람 통행 끊어지고
가을의 변방에는 외기러기 울음소리.
이슬은 이 밤부터 희어지는데
달은 고향에서 더욱 밝으리.
아우들은 있어도 뿔뿔이 헤져
생사를 물어 볼 집조차 없네.
편지는 부쳐도 언제나 못 받는데
하물며 전쟁 아직 끝나지 않았으니.

注釋

1) 舍弟(사제) : 자신의 아우를 남에게 겸칭으로 부르는 말.
2) 戍鼓(수고) : 戍樓에 설치하여 시각을 알리는 북. 야간에는 통행을 알리는 용도로도 썼다. '戍'는 변방에 주둔하여 지키는 것을 말한다.
   斷人行(단인행) : 북을 친 뒤에는 통행을 할 수가 없다. 또는 전쟁 중에는 소식을 전하기가 어렵다고 풀이하기도 한다.
3) 秋邊(추변) : 가을의 변방. '邊秋'로 된 판본도 있다. 변방의 가을.
   一雁(일안) : 외기러기.
4) 露從(노종) 구 : 이날이 아마 절기로 白露였던 것 같다.
5) 無家(무가) : 각자 흩어져 있고 소식도 알 수가 없기 때문에 집이 없다는 느낌이 들었던 것이다. 두보의 洛陽 부근의 집은 이미 戰火에 훼멸되었다.
6) 長(장) : 줄곧, 언제나.
7) 未休兵(미휴병) : 이 때 반군 지도자 史思明은 汴州를 함락하고 서쪽으로 洛陽으로 진격하였는데, 장군 李光弼이 방어하고 있었다.

說明

두보에게는 杜穎, 杜觀, 杜豐, 杜占 등 네 명의 동생이 있는데, 당시에는 杜占만이 같이 있었다. 乾元 2년(759) 가을 밤 秦州(지금의 甘肅省 天水縣)에 있을 때 河南과 山東에 흩어져 있던 동생들을 그리면서 지은 작품이다. 달은 원래 모든 대지를 고루 비춘다. 그러나 동생들이 그리워 집을 떠올리고 집을 떠올리자 고향을 생각하게 되었기에, 고향의 달조차도 더욱 밝고 사랑스럽게 생각된 것이다. 전반 네 구는 서경이고 후반 네 구는 서정이다. 특히 서정 부분에 전란으로 흩어져 생사조차 알 수 없는 동생들을 그리워하는 심사가 잘 드러나 있다.

天末懷李白
하늘 끝에서 이백을 그리며

涼風起天末
君子意如何
鴻雁幾時到
江湖秋水多
文章憎命達
魑魅喜人過
應共冤魂語
投詩贈汨羅

찬바람 하늘 끝에 일어나는데
그대는 마음이 어떠한지요.
기러기는 언제쯤 도착할는지
강호에는 가을물 불었을 게요.
문장은 운명이 잘되는 것 미워하고
도깨비는 사람 지나는 것 좋아한다오.
틀림없이 원혼에게 말을 전하려
시를 지어 멱라수에 던지실 게요.

注釋

1) 天末(천말) : 하늘가.
君子(군자) : 李白을 가리킨다.
2) 鴻雁(홍안) : 소식. ≪漢書·蘇武傳≫에 의하면, 흉노에 사신으로 갔다가 볼모가 된 蘇武를 구하려고, 흉노와 화친이 성립된 후 한나라에서 사신을 파견하였는데, 이 때 한의 사신이 흉노 선우에게 황제가 上林苑에서 사냥을 하다가 기러기를 잡았는데 그 다리에 소무의 서신이 묶여 있었다고 하여 소무를 구출하였다고 한다. 이후 鴻雁은 소식을 나타내는 말로 사용되었다.
3) 秋水多(추수다) : 두보의 〈夢李白〉 제2수의 "강호에는 풍파가 많이 일어서, 배가 뒤집힐까 염려된다오(江湖多風波, 舟楫恐失墜)."의 의미와 같다.
4) 文章(문장) 구 : 문학적인 재능이 뛰어난 사람은 운명이 박하여 猜忌를 만나기 쉬움을 말한다.
5) 螭魅(이매) : 魑魅魍魎. 온갖 도깨비.

이 구는 도깨비들이 그대가 지나가면 잡아먹으려 할 것이라는 뜻이다. 〈夢李白〉 제1수의 "물은 깊고 물결은 거칠게 이니, 교룡에게 잡히지 않으시기를(水深波浪闊, 無使蛟龍得)."의 의미와 같다.

6) 應共(응공) 구 : 屈原은 참언을 받아 추방당하여 멱라수에 투신자살하였는데, 이백이 억울한 모함을 받아 추방당한 것과 매우 흡사하다. 이백이 유배지인 夜郞으로 가는 길은 멱라수를 지나가게 되어 있다. 그래서 시인은 이백이 틀림없이 굴원의 원혼과 대화를 할 것이라고 한 것이다.
7) 汨羅(멱라) : 굴원이 투신자살했다고 하는 강. 지금의 湖北省 湘陰縣에 있다.

說明

이 시는 오언고시 〈夢李白〉 두 수와 함께 乾元 2년(759) 가을에 지은 것이다. 두보의 이백에 대한 충심의 우정을 보여주는 시이다. 시에서 이백이 夜郎으로 귀양 가는 도중 멱라수를 지나갈 것으로 짐작하였지만, 사실 이백은 이때에 이미 사면되어 배를 타고 洞庭湖를 지나고 있었다.

別房太尉墓
방태위의 묘를 떠나며

他鄉復行役
駐馬別孤墳
近淚無乾土
低空有斷雲
對棋陪謝傅
把劍覓徐君
唯見林花落
鶯啼送客聞

타향에서 또 다시 길 떠나느라
말 멈추고 그대 무덤 이별을 하오.
눈물 근처 마른 흙 하나 없는데
낮은 하늘 조각구름 떠다닌다오.
바둑 둘 땐 謝太傅를 모시듯 했고
검을 들고 徐國君을 찾아 왔다오.
숲에는 지는 꽃만 보일 뿐인데
꾀꼬리가 나그네를 보내는구려.

注釋

1) 房太尉(방태위) : 房琯(697-763). 자는 次律. 河南(지금의 河南省 洛陽市) 사람이다. 玄宗(712-756 재위) 때에 재상을 지냈고 肅宗 때에는 陳濤斜(지금의 陝西省 咸陽市 동쪽) 전투의 패배로 좌천되었다. 代宗 廣德 원년(763) 閬州(지금의 四川省 閬中縣)의 절에서 죽었다. 사후에 太尉에 추증되었다.
2) 復行役(부행역) : 거듭거듭 타지를 전전함을 말한다.
3) 孤墳(고분) : 방관 사후의 쓸쓸함을 말하였다. 방관의 장남 房乘은 어려서부터 시각장애인이었고, 다른 아들 房孺復은 당시 아직 어렸다. 두보의 〈祭故相國淸河房公文〉에 "흰 비단으로 염을 하고 쑥대에 맡겼다. 몸은 만 리 밖에 묻혔는데, 집안에는 아무것도 남은 게 없다."고 하였다.
4) 近淚(근루) 구 : 눈물이 흐른 곳 주변에는 흙이 축축이 젖었다는 뜻이다.
5) 對棋(대기) 구 : 晉의 명장 謝安(320-385)은 생전에 太傅에 봉해져 謝太傅로 불리는데 바둑을 즐겨 두었다. 여기서는 방관을 비유하였다.
6) 把劍(파검) 구 : 춘추 시대 吳의 季札(延陵季子. 576-484 BC)은 晉을 聘問하는데 도중에 徐國을 지나가게 되었다. 서국의 군주가 그의 검을 탐내는 것을 알았지만 외교의전에 필요한 것이라 그냥 갔다. 돌아오는 길에 서군을 찾았으나 이미 죽었다. 그래서 검을 풀어 무덤 가 나무에 걸어놓고 떠났다. ≪史記·吳太伯世家≫에 보인다. 앞 구는 생전에 방관과의 교왕이 친밀하였음을 말하였고, 이 구는 사후에도 변함없는 우정을 말하였다.

說明

두보는 房琯과는 布衣之交인데다가 만년에는 그를 醇儒로 여길 정도로 존경하였다. 이 시는 廣德 2년(764) 閬州를 떠나 成都로 갈 적에 房琯의 무덤을 찾아가 하직하며 지은 것이다. 친한 벗의 외로운 무덤은 타향에 있는데다 林花는 떨어지고 있으니 처량하기 그지없다.

春夜喜雨
봄밤의 단비

好雨知時節
當春乃發生
隨風潛入夜
潤物細無聲
野徑雲俱黑
江船火獨明
曉看紅濕處
花重錦官城

좋은 비는 계절을 잘도 알아서
봄 되니 곧바로 내리는구나.
바람 따라 이 밤에 몰래 들어와
조용히 만물 적셔 소리도 없다.
들길과 구름은 모두 까맣고
강에 뜬 어선의 등불만 밝다.
이른 아침 붉은 꽃 젖은 것 보니
꽃송이들 금관성에 묵직하구나.

注釋

1) 乃(내) : 곧, 바로.

發生(발생) : 만물에 생명을 불어넣다. 만물이 싹트고 자라다. ≪爾雅·釋天≫에 "봄은 만물이 싹터 자라고, 여름은 오래도록 넉넉하며, 가을은 수확하여 성과를 이루고, 겨울은 편안하고 강녕하다(春爲發生, 夏爲長嬴, 秋爲收成, 冬爲安寧)."라고 하였다. 여기서는 '비가 내리다'는 뜻이다.

2) 潤物(윤물) : 만물을 촉촉이 적시다.

3) 野徑(야경) : 들길.

이 구는 비가 내리기 때문에 하늘의 별빛도 없고 구름이 하늘을 뒤덮고 있는, 봄밤의 야외 풍경을 묘사하였다.

4) 曉(효) : 새벽.

紅濕處(홍습처) : 나무의 꽃이 온통 빨갛고 촉촉이 젖은 것을 가리킨다.

5) 花重(화중) : 꽃이 비에 젖어 무겁게 보인다.

錦官城(금관성) : 成都의 별칭. '錦城'이라고도 한다. 삼국시대 蜀漢의 成都는 비단의 주생산지였고, 비단은 촉한의 대외 무역의 주요 상품이었으며 조정의 주요 수입원이었다. 조정에서는 성도에 錦官을 설치하여 비단 생산을 관리하고 성을 쌓아 비단 생산을 보호하였다. 그래서 성도는 '錦官城'으로 불리게 되었다.

說明

의인수법으로 봄비를 묘사한 것이 특징이다. 시에서 묘사된 비는 人性을 잘 알고 있다. 그것은 사람들의 마음을 잘 알아서 사람들이 가장 필요로 할 때에 조용히 찾아왔고, 사람들을 깨울까봐 밤중에 '잠입'하여 만물을 가볍게 촉촉이 적셔주었다. 그래서 다음날 사람들은 잠에서 깨어서야, 비 온 뒤 물기를 머금어 더욱 아름답고 풍성해진 꽃송이로 도처에 봄의 정취가 충만한 것을 발견한 것이다. 浣花草堂 시절의 작품이다.

旅夜書懷

나그네 밤에 이는 회포

細草微風岸
危檣獨夜舟
星垂平野闊
月湧大江流
名豈文章著
官應老病休
飄飄何所似
天地一沙鷗

가는 풀에 미풍이 부는 강기슭
높은 돛대 외로운 밤 조각배 하나.
별이 드리우니 평야는 넓고
달이 솟구치니 큰 강 흐른다.
이름 어찌 문장으로 드러낼 건가
관직은 늙고 병들어 그만둬야지.
떠도는 이 내 신세 무엇 같은가
천지간에 한 마리 갈매기로다.

注釋

1) 危檣(위장) : 높이 솟은 돛대.
   獨夜(독야) : 고독한 밤.
2) 星垂(성수) 구 : 평야가 광활하여 하늘의 별이 드리워진 것처럼 보인다는 뜻이다.
3) 月湧(월용) 구 : 양자강이 세차게 흐르기 때문에 달이 강물 속에서 솟구쳐 오르는 것처럼 보인다는 말이다. 大江은 양자강.

   이상 두 구는 李白 〈渡荊門送別〉의 "산은 평야 따라 활짝 열리고, 강은 넓은 벌로 들어 흐른다(山隨平野闊, 江入大荒流)."와 비슷한 표현이다.
4) 名豈(명기) 구 : 두보의 명성은 실은 문장으로 알려졌으나, 그것은 그가 진정으로 바라는 것은 아니었기에 여기서는 반어적으로 표현한 것이다.
5) 應(응) : 모름지기. '因'으로 된 판본도 있다.
6) 飄飄(표표) : 본래 바람에 날리는 모양. 여기서는 정처 없이 떠도는 모양.

   이상 두 구는 〈奉贈韋左丞丈二十二韻〉의 마지막 두 구 "흰 갈매기 연파 속에 사라져 가면, 만 리 길 어느 누가 길을 들이랴(白鷗沒浩蕩, 萬里誰能馴)."의 의미도 담겨 있다.

說明

代宗 永泰 원년(765) 정월 두보는 그를 지원해주던 四川節度使 嚴武 막부의 직무를 그만두었다. 4월에 엄무가 죽자 5월에 가족을 데리고 成都의 草堂을 떠나 배를 타고 동쪽으로 내려갔다. 배가 渝州(지금의 重慶市), 忠州(지금의 중경시 忠縣) 일대를 지날 때에 이 시를 지었다. 이때 두보의 나이 54세였다. 전반 네 구는 배에서 바라보는 풍경의 묘사이고, 후반 네 구는 서정이다. 頸聯의 '文章'과 '老病'에는 시인의 복잡한 심사가 응축되어 있다.

蜀相
촉의 승상

丞相祠堂何處尋
錦官城外柏森森
映階碧草自春色
隔葉黃鸝空好音
三顧頻煩天下計
兩朝開濟老臣心
出師未捷身先死
長使英雄淚滿襟

승상의 사당을 어디에서 찾을 건가
금관성 밖 송백이 빽빽이 우거진 곳.
섬돌에 비치는 푸른 풀은 절로 봄빛
나뭇잎 뒤 꾀꼬리는 공연히 고운 소리.
삼고초려 여러 차례 천하의 계책 내고
두 임금 개국 제세 노신의 마음이라.
출사하여 못 이기고 몸이 먼저 죽었으니
오래도록 영웅더러 눈물 짓게 하는구나.

注釋

1) 蜀相(촉상) : 諸葛亮은 蜀漢이 공식으로 건국한 章武 원년(221)에 승상이 되었다.
2) 錦冠城(금관성) : 成都를 가리킨다. 〈春夜喜雨〉 참조.
3) 自春色(자춘색) : 저절로 봄빛을 드러내다.
4) 空好音(공호음) : 공연히 좋은 소리를 내다.

   仇兆鰲(1638–1717)의 ≪杜詩詳註≫에 "何遜(472–519)의 〈行孫氏陵〉 시의 '山鶯空曙響, 隴月自秋暉(산 꾀꼬리 공연히 새벽에 울고, 언덕 달은 저절로 가을빛이다).'에서 '空'자와 '自'자로 인하여 쓸쓸한 느낌을 감당할 수 없는데, 이 시도 그 취지를 운용하였다."고 하였다.

5) 三顧(삼고) : 제갈량이 隆中(지금의 湖北省 襄陽縣 서쪽에 있는 산)에 은거할 때 劉備가 세 번이나 찾아갔던 '三顧草廬'를 말한다.
   頻煩(빈번) : '頻繁'과 같다. '三顧'하는 모습을 표현한 것이다.
6) 兩朝(양조) : 先主 劉備와 後主 劉禪의 두 왕을 가리킨다.
   開濟(개제) : '開'는 유비를 보좌하여 開國한 것을 가리키고 '濟'는 유선을 도와 왕업을 계승하게 한 것을 말한다.
7) 出師(출사) 구 : 촉한 建興 12년(234) 제갈량은 '出師'하여 魏를 공격하여 五丈原(지금의 陝西省 郿縣 남서쪽)에서 위나라의 司馬懿와 백여 일을 대치하였는데, 그 해 8월 군영에서 병사하였다. 이때 그의 나이 54세에 불과하였다.

說明

대략 肅宗 上元 원년(760) 초 成都에 도착했을 때에 지은 것으로 보인다. 祠堂은 晉나라 때 李雄이 건축하였다. 시의 마지막 두 구는 뜻을 펴지 못한 역대 영웅들의 비분에 찬 심정을 대변한 것이다. 예를 들어 북송의 抗金 명장 宗澤(1060-1128)은 죽음을 앞두고 이 두 구를 읊은 뒤에 큰 소리로 "황하를 건너라(渡河)"고 외치고 숨을 거두었다고 한다. 안사의 난으로 수도가 함락되고 장기간의 전란에 처한 상황에서 성도로 온 시인은 이곳 제갈량의 사당을 찾아 '옛일을 빌어 현재의 시국을 가슴아파한 것(借古傷時)'이다.

客至
손님이 오셔서

舍南舍北皆春水
但見群鷗日日來
花徑不曾緣客掃
篷門今始爲君開
盤飧市遠無兼味
樽酒家貧只舊醅
肯與鄰翁相對飮
隔籬呼取盡餘杯

집 남쪽 집 북쪽이 온통 모두 봄물이라
날마다 보이는 건 갈매기 떼뿐이오.
꽃길은 손님 위해 쓸어본 적 없는데
사립문 오늘 처음 그대 위해 열었소.
음식은 장이 멀어 차린 것 없고
술마저 가난하니 묵은 술이오.
이웃 노인 함께 불러 같이 들 수 있다면
울 너머 불러와서 남은 술을 비웁시다.

注釋

1) 舍(사) : 집.
2) 但見(단견) 구 : 평상시는 갈매기와 어울려 지낼 뿐이라는 말이다. 여기에는 '鷗鷺忘機'의 의미가 담겨있다. ≪列子·黃帝≫에 의하면, 갈매기를 좋아하는 바닷가 사람이 있어 아침마다 바닷가에서 갈매기 떼와 어울려 놀았는데, 아버지가 자기도 데리고 놀겠다며 갈매기를 잡아오라고 하여, 다음날 아침 잡을 마음으로 바닷가에 나갔더니 갈매기는 하늘에서 춤추기만 할 뿐 내려오지 않았다고 한다.
3) 花徑(화경) 구 : 草堂을 짓고 난 뒤로 손님을 맞기 위해 화초가 심어진 오솔길을 쓴 적이 없다는 뜻이다. 고인은 '卻掃'(문을 닫고 길을 쓸지 않는 것)를 다시는 손님을 맞지 않는다는 표시로 여겼다. 따라서 길을 쓴다는 것은 손님을 맞이하는 성의를 표하는 것이 된다.
4) 蓬門(봉문) : 초가집의 초라한 대문을 말한다.

   이 구는 사립문도 이제껏 연 적이 없는데 이제 손님을 맞기 위해 처음으로 연다는 뜻이다.

5) 盤飧(반손) : 널리 음식을 가리킨다. 盤은 소반이고 飧은 익혀서 무친 나물을 말한다.

   市遠(시원) : 시장이 멀리 떨어져 있다.

   兼味(겸미) : 여러 가지 음식.
6) 樽(준) : 술 단지. 고인은 술을 걸러서 樽에 담아두고 勺(구기)으로 떠서 爵이나 杯에 따랐다.

   舊醅(구배) : 지난해에 담근 묵은 술.
7) 肯(긍) : 허락할 수 있는가? 손님에게 묻는 것이다.
8) 取(취) : 조사.

   餘杯(여배) : 남은 술.

說明

이 시에는 "崔明府가 찾아온 것을 반기며(喜崔明府相過)"라는 시인의 自註가 붙어있다. 明府는 縣令에 대한 존칭이다. 매일같이 물새와 어울려 세상사를 잊고 지내는 시인에게 갑자기 현령이 찾아왔다. 그래서 시인은 한 번도 쓴 적이 없는 길을 쓸고 연 적도 없는 대문도 열어 손님을 맞이한다. 그러나 집은 가난하고 저자도 멀어 평상시 먹던 반찬에 묵은 술을 내어 대접한다. 그러면서도 현령하게 정중하게 묻는다. 괜찮으시다면 이웃 노인도 불러 함께 남은 술을 마시면 어떻겠느냐고. 찾아온 손님을 정성을 다해 정중하게 모시면서도 이웃 주민에 대한 배려도 잊지 않는 두보의 순박하고 돈후한 마음을 읽을 수 있다.

野望
교외에서 바라보다

西山白雪三城戍
南浦淸江萬里橋
海內風塵諸弟隔
天涯涕淚一身遙
惟將遲暮供多病
未有涓埃答聖朝
跨馬出郊時極目
不堪人事日蕭條

서산에는 백설 가득 삼성에는 수자리
남포의 맑은 강엔 만리교 놓여 있다.
해내에 전란 일어 아우들 흩어지니
하늘 끝 눈물 쏟는 이 한 몸 아득하다.
늘그막에 병 많은 몸 맡길밖에 없는데
털끝만큼 보답도 조정에 한 것 없다.
말을 타고 교외 나가 때때로 둘러보니
어찌하랴 세상사 나날이 소조함을.

注釋

1) 西山(서산) : 成都의 서쪽에 있다. 주봉은 雪嶺으로 일 년 내내 눈이 쌓여 있다.
   三城(삼성) : 松州(지금의 四川省 松潘縣), 維州(古城은 지금의 사천성 理縣 서쪽에 있음), 保州(고성은 이현 新保關 북서쪽에 있음)의 세 곳을 가리킨다.
   戍(수) : 방어하다. 三城은 蜀漢의 변경 要鎭으로 吐蕃(당송 시 티베트를 지칭하던 말)의 침략이 잦아 군대를 주둔하여 지켜야 했다.
2) 南浦(남포) : 남쪽 교외의 水邊 지구.
   淸江(청강) : 錦江을 가리킨다. '錦江'은 두보의 〈登樓〉를 볼 것.
   萬里橋(만리교) : 成都城 남쪽에 있다. 촉한의 費褘가 吳나라를 방문하면서 諸葛亮에게 "만리의 여정이 이 다리에서 시작됩니다."라고 한 데서 다리 이름이 유래하였다고 한다.

   이 두 구는 바라보는 정경을 묘사하였다.
3) 風塵(풍진) : 전란을 비유한다.
   諸弟(제제) : 두보에게는 杜穎, 杜觀, 杜豐, 杜占의 네 동생이 있는데 杜占은 당시 蜀에 함께 있었다. 〈月夜憶舍弟〉 참조.
4) 天涯(천애) : 매우 먼 곳.
5) 遲暮(지모) : 이 때 두보의 나이는 50세였다.
   供多病(공다병) : 병 많은 몸을 제공하다.
6) 涓埃(연애) : 물방울과 먼지. 아주 미미하고 보잘 것 없음을 비유한다.
7) 跨馬(과마) 구 : 제목 '野望'의 의미를 밝혔다.
8) 人事(인사) : 세상사.

說明

肅宗 上元 2년(761) 작일 것이다. 동생들을 생각하고 나라를 근심하며, 자신과 백성들을 염려하는 마음이 드러나 있다. 당시 서산의 三城은 모병을 하여 방어하였으니 백성들의 고통은 이루 말할 수 없었다. 그래서 시인은 마지막 구에서 "말을 타고 교외 나가 때때로 둘러보니, 어찌하랴 세상사 나날이 소조함을."이라고 한 것이다. 代宗 廣德 원년(763)에는 吐蕃이 삼성을 공격하였는데, 두보는 이 때 오언율시 〈西山〉 세 수를 지었다.

聞官軍收河南河北
관군이 하남과 하북을 수복했다는 소식을 듣고

劍外忽傳收薊北
初聞涕淚滿衣裳
却看妻子愁何在
漫卷詩書喜欲狂
白日放歌須縱酒
青春作伴好還鄉
卽從巴峽穿巫峽
便下襄陽向洛陽

검외에 홀연히 계북 수복 소식 들려
듣자마자 눈물 흘러 옷깃이 흥건하다.
처자식 돌아보니 근심 걱정 어디 있나
되는대로 詩書 마니 즐거워 미치겠다.
백주대낮 고성방가 마음껏 술 마시니
푸른 봄과 벗하며 고향 가기 좋겠구나.
파협을 곧장 거쳐 무협을 뚫고나가
양양으로 내려가서 낙양으로 향하리라.

注釋

1) 河南河北(하남하북) : 洛陽城 일대의 河北省 북부를 말한다.
2) 劍外(검외) : 劍門 남쪽을 부르는 이름. 여기서는 蜀 땅을 말한다.
   薊北(계북) : 지금의 하북성 북부 지역을 말한다. 安史의 난 당시 반군의 근거지였다.
3) 初聞(초문) : 처음 듣다. 앞 구의 '忽傳'에 호응한다.
4) 却看(각간) : 돌아보다.
   愁何在(수하재) : 더 이상 근심하지 않는다는 뜻이다.
5) 漫捲(만권) : 되는 대로 말다. 고대의 시문은 모두 두루마리에 적었다.
6) 放歌(방가) : 거리낌 없이 큰 소리로 노래를 부르다.
7) 青春(청춘) 구 : 봄빛은 아름답고 새소리는 정겹고 꽃도 흐드러지게 피어 고향으로 돌아갈 길이 조금도 적막하지 않을 것 같다는 뜻이다.
8) 卽從(즉종) : 즉시 ……를 거쳐.
   巴峽(파협) : 사천성 북동부 巴江에 있는 협곡.
   巫峽(무협) : 사천성 巫山縣 동쪽에 있는 협곡으로 三峽의 하나.
9) 襄陽(양양) : 지금의 湖北省에 속한다.

   이상 두 구는 고향으로 돌아갈 노정을 상상한 것이다. 즉 사천에서 협곡 지대를 내려가 수로로 호북성 襄陽으로 간 뒤 다시 육로로 하남성 洛陽으로 갈 것이라는 것이다. 이 시의 마지막 구에는 "나는 洛陽에 田園이 있다(余有田園在東京)."라는 시인의 自註가 붙어 있다.

說明

代宗 廣德 원년(763) 정월 반군 지휘자 史朝義(史思明의 아들)가 패하여 목을 매어 자살하고 장수 田承嗣와 李懷仙은 모두 항복하였다. 이로써 하남과 하북 지역은 연이어 수복되었다. 이때 두보는 梓州(지금의 四川省 三台縣)에 있으면서 이 시를 지었다. 장장 7년여를 이어진 안사의 난이 끝난 셈이니 북받치는 감격에 눈물이 흐르는 것을 주체할 수 없다. 평생을 忠君愛民으로 일관한 시인의 당시 마음은 "기뻐서 미치겠다"는 한 마디에 잘 드러나 있다. 淸 浦起龍(1679-1762)은 ≪讀杜心解≫에서 "평생 처음으로 내심의 희열을 읊은 시"라고 하였다.

登樓
누각에 올라

花近高樓傷客心
萬方多難此登臨
錦江春色來天地
玉壘浮雲變古今
北極朝廷終不改
西山寇盜莫相侵
可憐後主還祠廟
日暮聊爲梁甫吟

꽃 가까이 높은 누각 객수를 자아내니
만방이 다난한 때 누에 올라 바라본다.
금강의 봄빛은 하늘땅서 찾아오고
옥루의 뜬구름은 고금에 변해왔다.
북극 같은 조정은 끝내 아니 바뀌니
서산의 도적떼들 침략하지 말기를.
가련하다 후주도 사당에 모셔졌네
저물녘에 애오라지 〈양보음〉을 읊어본다.

注釋

1) 花近(화근) 두 구 : 淸 施補華(1835-1890)의 ≪峴傭說詩≫에 "시작이 沈厚하고 突兀하다. 만약에 1,2구를 바꾸어 '만방이 다난한 이 때 누에 올라 바라보니, 꽃 가까이 높은 누각 객수를 자아낸다.'고 하면 밋밋하다. 이것이 비결이다."라고 하였다.

2) 錦江(금강) : 지금의 사천성 성도시 남쪽에 있는 岷江의 지류. 성도에서 생산한 비단을 이곳에서 씻었기 때문에 이 이름이 생겼다. 두보의 草堂은 금강 가까이에 있다.
来天地(내천지) : 천지와 함께 온다.

3) 玉壘(옥루) : 산 이름. 지금의 사천성 灌縣 서쪽에 있다.
變古今(변고금) : 고금과 함께 변하다.

4) 北極(북극) : 북극성. 조정을 비유한다. ≪論語·爲政≫에서 "정치는 德으로 하면 북극성이 제 장소에 가만히 있어도 뭇별들이 그것을 에워싸는 것과 같다."고 한 데서 나왔다.

廣德 원년(763) 10월 吐蕃이 장안을 함락하여 廣武王 李承洪을 황제로 세우자 代宗은 陝州(지금의 河南省 陝縣)로 갔는데 나중에 郭子儀가 장안을 수복하여 위기를 극복하였다. 이 구는 토번의 침략에도 조정에는 아무런 변고가 없이 원상회복되었음을 뜻한다.

5) 西山寇盜(서산구도) : 吐蕃을 가리킨다. 같은 해 12월 토번은 다시 松州, 維州, 保州의 三城 및 雪山에 신축한 두 城을 침략하였다. 이어 劍南과 四川의 여러 州에도 토번이 침입하였다. 이 두 구는 조정이 침략에도 아무런 동요가 없으니 토번도 더 이상 침략하지 말라는 뜻이다.

6) 可憐(가련) 구 : 촉 선주 劉備의 사당은 成都市 武侯區에 있고 그 서쪽에 제갈량의 武侯祠가 있으며 동쪽에 후주 劉禪의 사당이 있다. 이 구는 용렬한 후주도 제갈량의 보필로 지금까지 사당에 모셔져 있지만 그래도 어쨌든 가련하다는 뜻이다.

7) 梁甫吟(양보음) : 악부 곡조 이름. 제갈량이 은거할 때에 〈梁甫吟〉을 즐겨 읊었다고 한다. 그러나 현존하는 제갈량의 〈양보음〉 가사에는, 齊의 晏嬰이 公孫接, 田開疆, 古冶子 등 3인의 賢臣에게 상으로 복상아 두 알을 주어 그들을

자살하게 만든 고사인(≪晏子春秋·諫下≫) '二桃殺三士'를 읊은 것만 있어서, 제갈량이 은거할 때의 심정과는 맞지 않아 학자들의 의심을 사고 있다. 일설에는 제갈량이 읊은 것은 〈양보음〉의 옛 곡조라고 하고, 또 읊은 사람은 두보 자신이라고도 한다. 金性堯는 ≪唐詩三百首新注≫에서 李白도 〈양보음〉을 지은 것처럼, '聊爲'라는 시어에 근거하여 두보도 이 곡을 지어 감개의 정을 토로하려고 한 것으로 보려고 하였다.

說明

代宗 廣德 2년(764) 경 성도에서 지은 것으로 시절을 슬퍼하고 자신의 신세도 한탄한 작품이다. 두보 칠언율시 중의 絶唱으로 칭송된다. 宋 葉夢得(1077-1148)은 ≪石林詩話≫에서 '錦江' 한 聯이, "오경의 고각소리 응당히 비장하고, 삼협에는 은하수와 별 그림자 출렁인다(五更鼓角應悲壯, 三峽星河影動搖)."(두보의 〈閣夜〉 제3,4구) 등의 구 이후에는 다시는 그것을 이을 만한 것이 없다고 안타까워하였다. 明 胡應麟(1551-1602)은 ≪詩藪≫에서 〈登高〉, 〈登樓〉, 〈秋興〉 8수 등은 모두 "老杜의 칠언율시 중에서 전편이 다 모범으로 삼을 만한 것으로 氣象이 웅혼하여 우주를 뒤덮을 만하고 율격은 꼼꼼하여 미세한 것에도 다 미치니, 절로 천추의 鼻祖가 된다."고 하였다.

詠懷古蹟
고적을 읊다

支離東北風塵際
飄泊西南天地間
三峽樓臺淹日月
五溪衣服共雲山
羯胡事主終無賴
詞客哀時且未還
庾信平生最蕭瑟
暮年詩賦動江關

북동이 풍진 속에 잠긴 때에 유랑하여
남서의 천지간을 이리저리 떠돌았다.
삼협의 누대에는 날과 달을 머물렀고
오계의 오색 의복 구름 산을 함께했다.
갈호가 군주 모심 끝내 믿기 어렵고
시인은 時世 걱정 아직 못 돌아갔다.
유신의 생애는 가장 쓸쓸하였지만
모년에 시부는 강산을 움직였다.

注釋

1) 詠懷古蹟(영회고적) : 고적을 빌어 감회를 읊다. 모두 다섯 수의 칠언율시인데 이것은 제1수이다.

2) 支離(지리) : '流離'와 같다. 정처 없이 떠돌다.
東北風塵際(동북풍진제) : 안사의 난 기간에 시인이 줄곧 남서지방의 타향을 유랑하였음을 말한다. '風塵'은 전란을 비유한다.

3) 漂泊(표박) 구 : 사천성으로 들어온 후 정처 없이 떠돈 것을 말한다. 이 기간 두보는 成都, 梓州(지금의 四川省 三台縣), 雲安(지금의 重慶市 雲陽縣), 夔州(지금의 사천성 奉節縣) 등을 오갔다.
이상 두 구는 다섯 수 전체의 序라고 할 수 있다.

4) 三峽(삼협) : 양자강이 사천성에서 호북성으로 들어가는 지역의 세 협곡 瞿塘峽, 巫峽, 西陵峽을 말한다.
樓臺(누대) : 널리 가옥을 말한다.
淹日月(엄일월) : 여러 날 여러 달을 머물다. 오래도록 머물렀다는 뜻이다.

5) 五溪衣服(오계의복) : 溪人들의 복식이 제각각이라는 뜻이다. 五溪는 雄溪, 滿溪, 酉溪, 潕溪, 辰溪이다. 옛날 五溪族이 거주하던 곳은 지금의 湖南省과 貴州省의 접경 지역에 있었다. ≪後漢書·南蠻傳≫에 "武陵 五溪의 蠻族은 五色 의복을 좋아한다."고 하였다.
共雲山(공운산) : 시인 자신이 溪人들과 함께 지냈다는 뜻이다.

6) 羯胡(갈호) : 安祿山(703-757)을 가리킨다. 안록산의 父系는 羯胡 즉 小月支계이다. 아울러 梁나라에 반란을 일으킨 侯景(503-552)을 가리킨다. 후경은 본래 羯族으로 鮮卑族化하였고 뒤에 양나라에 투항하였다가 반란을 일으켰다. 갈족 출신으로 당에 귀순하였다가 반란을 일으킨 안록산과 닮았기 때문에 '羯胡'라는 말에 이 두 사람을 동시에 담은 것이다.
無賴(무뢰) : 믿을 수 없다. 교활하고 이랬다저랬다 한다는 뜻이다.

7) 詞客(사객) : 다음 구의 庾信을 말한다. 동시에 시인 자신을 말하기도 한다.
且未還(차미환) : 아직까지 타향을 떠도느라 고향으로 돌아가지 못하다.

8) 庾信(유신) : 梁의 시인(513-581). 자는 子山이며 新野(지금의 河南省에 속함)

사람이다. 양 元帝 때에 北周에 사신으로 가서 억류되어 그곳에서 벼슬을 하면서, 늘 고향을 그리워하였다. 그의 대표작인 〈擬詠懷〉 27수와 조국 양나라가 멸망하자 지은 〈哀江南賦〉에 그러한 심정이 담겨 있다.

蕭瑟(소슬) : 바람이 부는 소리. 여기서는 쓸쓸하다는 뜻을 담고 있다. 〈哀江南賦〉에 "장사는 돌아가지 못하고, 가을바람 소슬한데, 노인 아이 이끌고 산하 떠돈 지 여러 해(壯士不還, 寒風蕭瑟. 提挈老幼, 關河累年)."라고 하였다.

이상 두 구는, 안록산의 반란을 후경의 반란에 빗대고, 자신의 사향의 정을 유신의 강남 생각에 빗대었다.

說明

代宗 大曆 원년(766) 작이다. 모두 다섯 수로 江陵(지금의 호북성 荊州), 歸州(지금의 호북성 秭歸縣 歸州鎭), 夔州(지금의 사천성 奉節縣)의 庾信故宅(제1수), 宋玉宅(제2수), 昭君村(제3수), 永安宮과 先主廟(제4수), 武侯祠(제5수)를 읊었다. 모두 고적을 보고 고인을 생각하고 고인에서 자신을 돌아보는 감회로 이어지는 방식으로 서술되어 있다. 이 다섯 수는 〈諸將〉 다섯 수, 〈秋興〉 여덟 수와 마찬가지로 모두 칠언율시 組詩로서 한 수는 별개의 독립 작품이면서 동시에 다 서로 연결이 된다. 두보의 칠언율시 중 독특한 형식의 작품이다.

이 제1수는 전체 조시의 序詩이면서 庾信을 읊은 독립 작품이기도 하다. 유신의 고택은 江陵에 있었다. 당시 두보는 아직 사천성에 머물고 있으면서 먼저 유신을 읊은 것에 대해, 王嗣奭은 ≪杜憶≫에서, 곧 강릉으로 떠날 여정을 갖고 있던 두보는 자신의 유랑생활이 유신과 퍽 흡사하다고 여겼기 때문에 그 감회를 읊으려고 먼저 유신을 언급한 것이라고 하였다. 두보는 평소 유신의 詩賦에 매우 傾倒되어 있어서 "(李白 시의) 청신함은 유신과 같다(清新庾開府)"(〈春日憶李白〉), "유신의 문장은 노년에 더욱 성숙하다(庾信文章老更成)"(〈戱爲六絶句〉 제1수)고 하였다. 이 시의 마지막 두 구는 간난신고의 굴곡진 생애가 유신의 시부를 더욱 기운차고 세련되게 하였다는 뜻이니, 바로 '노년에 더욱 성숙하다'는 뜻을 나타낸 것이다.

登高
높은 누대에 올라

風急天高猿嘯哀
渚淸沙白鳥飛迴
無邊落木蕭蕭下
不盡長江滾滾來
萬里悲秋常作客
百年多病獨登臺
艱難苦恨繁霜鬢
潦倒新停濁酒杯

바람 세고 하늘 높고 납의 울음 구슬픈데
사주 맑고 모래 흰데 새는 날아 돌아온다.
가없이 지는 낙엽 소소히 떨어지고
끝없는 긴 강물은 곤곤히 흘러온다.
만 리 밖 슬픈 가을 언제나 나그네라
백 년 한 생 많은 병에 누대 홀로 오른다.
간난신고 짙은 백발 한스럽게 많으니
노쇠하여 요즘은 탁주잔도 끊었노라.

注釋

1) 登高(등고) : 중국에는 고대부터 음력 9월9일 重陽日에 登高하는 풍속이 있다. 孟浩然의 〈過故人莊〉, 王維의 〈九月九日憶山東兄弟〉 참조.
2) 渚(저) : 물 가운데 있는 작은 沙洲.
迴(회) : 선회하다.
3) 落木(낙목) : 낙엽.

이상 두 구는 제1, 2구에 대한 호응이다.

4) 百年(백년) : 인생 한 평생을 말한다.
5) 艱難(간난) : 時世의 고달픔을 말한다.
苦恨(고한) : 심하게 한탄하다.
6) 潦倒(요도) : 지치다, 쇠락하다, 노쇠하다.
新停(신정) : 갓 끊다. 이때 두보는 병으로 술을 끊고 있었다.

說明

代宗 大曆 2년(767) 중양절에 夔州(지금의 四川省 奉節縣)에서 지었다. 전체는 組詩로 모두 다섯 수인데 제목은 〈九日五首〉이다. 제1수는 칠언율시이고, 제2,3수는 오언율시이며, 제4수는 오언배율이다. 이 시는 제5수인데 제목에 별도로 '登高' 두 자를 적어 넣었다. 두보의 시 가운데서 가장 기세가 넘치고 悲壯沈鬱한 것으로 평가되는 작품이다. 격률 면에서 보면 4聯이 모두 대우를 이루는데 특히 首聯은 句中에서 각각 세 개의 대를 이룬다. 그래서 胡應麟은 ≪詩藪·內編≫ 권5에서 "'風急天高' 같은 것은 한 편 안에서 구마다 모두 율격에 맞고 한 구 안에서 글자마다 율격에 맞는데, 그럼에도 실은 하나의 의미로 관통하고 단숨에 이루어졌다. 급히 읽으면 首尾(수련과 미련)는 대우를 하지 않은 것 같고 胸腹(함련과 경련)은 대우를 할 생각이 없는 듯하다. 그러나 상세하게 따져보면 경중의 면에 털끝만큼도 어긋남이 없고 기왓골에 물이 쏟아지듯 기세가 일관되어 온갖 냇물이 동으로 흘러 尾閭(바닷물이 모여 든다는 곳)의 동굴로 들어가는 것 같다."라고 하였다. 또 "해저의 산호와 같아서 瘦勁하기 그지없고 沈深하기 한량없으면서 精光이 만장에 뻗치고 力量은 萬鈞에 이른다. ……두보의 시이지 당시가 아니다. 그리하여 이 시는 고금의 칠언율시 중에서 으뜸이니 唐人 칠언율시 중 으뜸이라고 할 것도 없다."라고 하였다.

岑 參
(715-770)

荊州 江陵(지금의 湖北省 江陵市) 사람이다. 어려서 嵩陽(지금의 河南省 登封縣)에 은거하였고 20세에 장안으로 벼슬하러 온 후 10년 동안 장안과 낙양 사이를 오갔다. 天寶 3년(744)에 진사에 급제하여, 右內率府 兵曹參軍에 제수되었다. 天寶 8년(749) 安西로 가서 安西四鎭節度使 高仙芝의 막하에서 掌書記가 되었다. 13년(754) 또 封常淸을 수행하여 安西北庭節度判官이 되었고, 마지막으로 嘉州刺史(가주는 지금의 四川省 樂山市)가 되어 成都에서 객사하였다. 잠삼은 여러 차례 변경에 나가 변새 생활을 깊이 체득하였다. 시는 변새 풍광과 전쟁 모습을 잘 묘사하였고, 기세가 호매하고 奇峭雄渾하며 언어의 변화가 자유자재하다는 평가를 받는데, 七言歌行에 특히 뛰어나다. 변새시는 高適(700-765)과 이름을 나란히 하여 '高岑'으로 병칭된다. ≪岑嘉州詩集≫이 있다.

逢入京使
서울로 들어가는 사신을 만나

故園東望路漫漫
雙袖龍鐘淚不乾
馬上相逢無紙筆
憑君傳語報平安

고향 땅 동쪽으로 까마득히 멀어져
두 옷소매 흥건해도 눈물은 끝이 없다.
마상에서 만났기에 종이와 붓이 없어
그대 편에 말 전하니 평안하다 알려 주오.

注釋

1) 入京使(입경사) : 수도 長安으로 들어가는 사신. 이 시는 시인이 安西로 가는 길에 변방에서 장안으로 들어가는 사신을 만났을 때 지은 것이다.
2) 故園(고원) : 고향. 장안에 있는 잠삼의 집을 가리킨다.
   漫漫(만만) : 아득히 먼 모양.
3) 龍鍾(용종) : '瀧涷'과 같다, 축축한 모양.
4) 憑(빙) : 부탁하다.
   傳語(전어) : 구두로 소식을 전하다.

說明

잠삼은 성당 시기 변새시의 대표 작가이다. 그는 실제로 安西(지금의 新疆위구르自治區) 지역에서 벼슬을 하였기에, 그의 변새시는 체험을 바탕으로 한 시이며 이 시 역시 그러하다. 이 시는 天寶 8년(749) 그의 첫 번째 西域 출정 도중에 일어나는 사향의 정을 토로한 것이다. 앞 두 구는 西行을 할수록 멀어지는 고향에 대한 그리움을 그렸고, 뒤 두 구는 도중에 장안으로 들어가는 사신을 만나 그 편에 고향에 소식을 전하는 장면을 그렸다. '평안'이라는 두 글자는 얼핏 보면 입에서 나오는 대로 쓴 것 같지만, 변방의 전장으로 가는 시인의 입에서 나온 것이니 값비싼 '편지'인 셈이다.

張 繼
(?-776)

字는 懿孫이며 襄州(지금의 湖北省 襄樊市) 사람이다. 일설에는 南陽(지금 河南省에 속함) 사람이라고 한다. 天寶 12년(753) 진사가 되고, 至德(756-758) 연간에 御史가 되었으며, 大曆(766-779) 말년에 檢校祠部員外郎으로 洪州(지금의 江西省 南昌市)의 鹽鐵判官이 되었다. 홍주에서 죽었다. 그의 시는 이미지를 선택하고 구성하는 데 능하다. 시풍은 상쾌하고 맑으며 清明廣遠하여, 세련되고 순정한 느낌을 주며, 표현력이 매우 뛰어나다는 평가를 받는다. ≪全唐詩≫에 47수가 실려 있고 ≪張祠部詩集≫이 있다.

楓橋夜泊
풍교에 묵으며

月落烏啼霜滿天
江楓漁火對愁眠
姑蘇城外寒山寺
夜半鐘聲到客船

달 지고 까마귀 울며 서리는 하늘 가득
강가 단풍 어선 등불 시름 겨운 이 마주하네.
고소성 성 밖의 한산사에서
한밤중 종소리가 객선에 들려오네.

注釋

1) 楓橋(풍교) : 다리 이름. 江蘇省 蘇州市 蘇州 古城 서문인 閶門 서쪽에 있다.
2) 烏啼(오제) : 까마귀가 울다. '烏'는 본래 까마귀이지만, 여기선 밤에 나무에 깃들인 새를 통칭한다.
3) 江楓(강풍) : 강기슭 단풍나무.
   漁火(어화) : 어선의 등불.
   對愁眠(대수면) : 시인이 잠을 이루지 못하고 강가 단풍나무와 어선의 등불을 마주하고 시름에 젖어 있는 것을 말한다. '愁眠'은 사실은 '愁不眠'의 뜻이다. 또는 '對愁'를 '伴愁'의 뜻으로 보기도 한다.
4) 姑蘇(고소) : 蘇州市의 별칭. 성 남서쪽의 姑蘇山 때문에 붙은 이름이다.
   寒山寺(한산사) : 풍교에서 멀리 떨어지지 않은 절이다. 당나라 초 寒山과 拾得 두 名僧이 일찍이 이곳에 머물렀기에 이 이름을 얻었다.
5) 夜半鐘聲(야반종성) : 唐代에는 절에서 한밤중에 종을 치는 풍습이 있었다.

說明

元 辛文房의 ≪唐才子傳≫에 의하면 張繼는 天寶 12년(753) 진사에 급제하였지만, 2년 뒤인 천보 14년(755) 정월에 안사의 난이 일어나고 이듬해 6월에 玄宗이 촉으로 피난을 하자, 많은 문사들은 강남의 江蘇와 浙江으로 피난하였는데 장계도 소주를 지나가며 이 시를 지었다고 한다. 전반 두 구는 시절과 시간 및 주변 환경을 그려내었는데, 지는 달, 까마귀 울음, 서리 기운, 강가의 단풍, 어선의 등불 등의 경물을 시인의 旅愁에 담았다. 후반 두 구는 타향의 객선에서 잠을 못 이루고 한산사의 종소리를 듣고 있는 시인의 모습을 그렸다. 고요한 밤하늘에 메아리치는 종소리는, 마치 시인의 여수를 표현하듯이, 유달리 처량하고 묵직하게 느껴진다.

韋應物
(737-792?)

京兆 萬年(지금의 陝西省 西安市) 사람이다. 청년 시절에 玄宗의 侍衛官인 三衛郞이 되어 총애를 믿고 오만방자해져 제멋대로 행동하였다. 安史의 난 후에, 자신의 과오를 뉘우치고 환골탈태하여 공부에 매진하였다. 처음에 洛陽丞이 되고 나중에 滁州(지금의 安徽省 滁縣), 江州(지금의 江西省 南昌市), 蘇州(지금의 江蘇省에 속함) 등지의 刺史를 역임하였다. 세칭 韋蘇州라고 한다. 위응물은 산수전원시로 저명하여, 세상에선 그를 성당의 王維(701?-761), 孟浩然(689-740)과 중당의 柳宗元(773-819)과 함께 '王孟韋柳'로 병칭한다. 사회의 난리와 백성의 질고를 반영한 시도 있는데 풍자적 의의가 꽤 있다. 그의 시는 시어가 간결 淡泊하고, 풍격이 秀逸 明朗하며, 풍격이 恬淡 高雅하다는 평가를 받는다. ≪韋蘇州集≫이 있다.

滁州西澗
저주의 서간

獨憐幽草澗邊生
上有黃鸝深樹鳴
春潮帶雨晚來急
野渡無人舟自橫

서간 변 그윽한 풀 유독 사랑스러운데
풀숲 위 우거진 나무에 꾀꼬리 운다.
봄 물결 빗물 불어 저녁 무렵 세찬데
나루터 인적 없이 배만 절로 흔들흔들.

注釋

1) 滁州(저주) : 지금의 安徽省 滁縣.
西澗(서간) : 滁縣城 서쪽에 있는데, 속명으로 '上馬河'라고 한다.
2) 憐(연) : 사랑하다.
幽草(유초) : 그윽한 계곡 속의 잔 풀.
3) 深樹(심수) : 枝葉이 빽빽이 우거진 나무. 또는 깊은 숲속.
4) 野渡(야도) : 외진 나루터.

說明

西澗의 雨景을 묘사하였는데, 전원의 정취가 물씬 풍긴다. 전반 두 구는 '澗邊'의 풍경인데, 起句는 인적 없는 시냇가에 조용히 자라는 幽草에 대한 시인의 사랑을 드러내었고, 承句는 꾀꼬리 울음소리를 더하여 幽靜한 정경에 생기를 불어넣었다. 후반 두 구는 '澗中'의 풍경이다. 봄이 와 물이 불어난 서간에 소나기가 쏟아지니 봄 물결은 저녁 비를 보태어 급격하게 불어난다. 한적한 교외 나루터에는 외로운 빈 배 한 척이 매여 있는데, 개울 가득 내리는 비바람을 싣고 봄 물결이 출렁이는 대로 이리저리 흔들리고 있다. 이러한 動態의 묘사를 통해 시인의 한적하고 자재한 심정이 더욱 부각된다.

韓 翃
(?-?)

字는 君平이며 南陽(지금의 河南省 南陽市) 사람이다. 天寶 13년(754) 진사가 되어, 막부의 직책을 역임하였으며, 德宗 建中(780-783) 연간에 駕部郎中, 知制誥가 되었고, 中書舍人까지 올랐다. 그는 錢起(?-780?), 盧綸(748?-799?), 李端(?-?), 耿湋(약 763 전후), 崔峒(?-?), 司空曙(약 766 전후), 苗發(약 756 전후), 夏侯審(약 773 전후), 吉中孚(약 786 전후)와 함께 '大曆十才子'로 불린다. 그의 시는 시어가 富麗하고 필법이 輕巧한 것으로 저명하다. ≪韓君平集≫이 있다.

寒食
한식

春城無處不飛花
寒食東風御柳斜
日暮漢宮傳蠟燭
輕煙散入五侯家

봄 성에는 꽃 날리지 않는 곳 없으니
한식날 봄바람에 궁궐 버들 나부낀다.
날 저물자 한궁에선 납촉을 전해주어
가벼운 연기 오후 집에 흩어져 들어간다.

注釋

1) **寒食(한식)** : 禁煙節, 冷節, 百五節이라고도 하며 冬至 이후 105일 째 되는 날이다. 보통 淸明과 하루 이틀 차이가 난다. 고대 풍습에 의하면 이 날은 낮에 불을 피우고 밤에 등불을 켜는 것을 금지하여 사람들은 찬 음식을 먹어야 했다.
2) **御柳(어류)** : 宮苑의 버드나무.
3) **漢宮(한궁)** : 당나라 궁궐을 비유한다.

   이 구는 밤이 되자 황제가 총애하는 황제의 친척에게 납촉을 하나씩 하사한다는 뜻이다.

4) **輕煙(경연)** : 납촉이 뿜는 연기.

   五侯(오후) : ≪漢書·元后傳≫에서는 成帝의 외숙부 王譚, 王商, 王立, 王根, 王逢時 오형제를 한날에 제후로 봉한 것을 '五侯'라고 하였고, ≪後漢書·宦者傳≫에서는 桓帝 때 환관 單超, 徐璜, 左悺, 具瑗, 唐衡 다섯 명을 한날 제후에 봉한 것을 '五侯'라고 하였다. 또 ≪後漢書·陳蕃傳≫에서는 "梁氏 五侯는 그 해독이 온 천하에 퍼졌다."고 하였다. 東漢 順帝의 梁皇后의 오빠 梁驥가 大將軍이 되어 외척 신분으로 조정을 20여 년 간 농단하였는데, 아들 梁胤, 숙부 梁讓 및 친속 梁淑, 梁忠, 梁戟 다섯이 모두 후작에 봉해졌다고 한다. 여기서는 황제의 총애를 받는 王侯와 顯貴를 총칭한다.

說明

유명한 풍자시이다. 寒食은 중국의 전통 명절의 하나로, 이 날을 전후하여 사흘 간 찬 음식을 먹어야 했다. 이 시는 바로 이러한 때에 '五侯' 집은 궁중에서 전해준 불로 더운밥을 먹는 것을 통해서 특권을 향유하는 계층을 풍자한 것이다. 앞 두 구는 꽃과 버들이 아름다운 한식의 낮 풍경을 묘사하였고, 뒤 두 구는 저녁에 궁정에서 귀족 집으로 蠟燭을 전하는 장면을 그렸다. 承句의 '御'자는 轉句의 '宮'자와 자연스럽게 연결된다. 직접적인 풍자는 없지만, '寒食'과 '蠟燭', '輕煙'이 대비되어 은연중에 드러나는 풍자는 오히려 더 함축적이고 교묘하다.

盧 綸
(748?-799?)

字는 允言이며 河中 蒲州(지금의 山西省 永濟縣) 사람이다. 大曆(766-779) 초에 진사 시험에 누차 응시하였지만 합격하지 못하였다. 대력 중에 元載가 그의 문장을 인정하여 閿鄉尉(문향은 지금의 河南省 靈寶市 閿鄉縣)에 보임하였다. 貞元 14,5년(798,9) 사이에 입조하여 戶部郎中을 맡았고 얼마 안 있어 그 직위에서 생을 마감하였다. 노륜은 大曆十才子의 한 사람으로, 송별과 증답의 작품을 많이 남겼다. 그의 시는 십재자 가운데서는 독특한 풍격이 있고 기세가 넘치는데, 더욱이 변새시가 웅장하고 기운차다. ≪全唐詩≫에 5권 330여 수를 수록하였고 ≪盧戶部詩集≫이 있다.

塞下曲
변새의 노래

月黑雁飛高
單于夜遁逃
欲將輕騎逐
大雪滿弓刀

달 어둡고 기러기 높이 나는데
선우는 이 밤에 도망을 간다.
날랜 말로 뒤쫓아 가려하는데
큰 눈이 활과 칼에 가득 쌓인다.

注釋

1) 塞下曲(새하곡) : 한 악부 〈出塞〉, 〈入塞〉 등의 곡에서 나왔으며 橫吹曲辭에 속한다. 노륜의 시는 組詩로 모두 여섯 수가 있는데 이것은 제3수이다.
2) 月黑(월흑) : 달빛이 어둡다. 어두움을 가리킨다.
   雁飛高(안비고) : 기러기가 높이 날다. 조용함을 가리킨다.
3) 單于(선우) : 흉노의 최고 수령의 칭호이다.
   遁逃(둔도) : 달아나다.
4) 將(장) : 인솔하다.

說明

달빛도 없는 칠흑 같은 밤, 패전한 후 선우의 인솔 아래 몰래 밤을 틈타 도망을 가는 적을 뒤쫓아 출정하려는 장면을 그린 변새시이다. 앞 두 구는 출정하려는 시간, 변새의 환경, 출정의 이유 등을 밝혔고, 뒤 두 구는 將士들이 긴급히 집합하여 추격을 준비하는 장면을 그렸다. 그러나 출발하기도 전에 칼과 창, 활과 화살에는 이미 눈이 가득 쌓여 버렸다. 시는 여기서 갑자기 마무리를 지었다. 장병들이 어떻게 적을 추격했는지, 어떻게 적을 섬멸하고 승리했는지, 그것은 독자의 상상에 맡겨두었다.

王 建
(766?-830?)

字는 仲初이며 潁川(지금의 河南省 許昌市) 사람이다. 代宗 大曆 10년(775)에 진사에 급제하고, 憲宗 元和(806-820) 연간에 昭應縣丞(소응현은 지금의 陝西省 臨潼縣)과 渭南尉(위남은 지금의 섬서성에 속함)가 되었다. 穆宗 長慶(821-824) 초에 太府丞에서 秘書郎으로 옮겼고, 文宗 太和(827-835) 연간에 관직이 陝州司馬(섬주는 지금의 河南省 三門峽市 陝縣)에 이르렀다. 후에 퇴직하여 咸陽(지금의 陝西省 咸陽市) 북쪽 고원지역에 살았는데 형편이 군박하였다. 그는 일찍이 변경지역에 종군을 하였다. 젊어서는 宮詞로 저명하였는데 시가 유려하면서도 정교하고 아름다웠다. 연작시로 사실을 기록하기도 하였는데 독창적 풍격을 갖추었다. 중년 이후에 시풍이 크게 변하였다. 악부는 통속적이고 명료한데 張籍(766?-830?)과 이름을 나란히 하여 '張王樂府'로 병칭된다. ≪王司馬集≫이 있다.

十五夜望月
추석날 달을 바라보며

中庭地白樹棲鴉
冷露無聲濕桂花
今夜月明人盡望
不知秋思落誰家

뜰은 희고 나무에는 까마귀 깃들이며
찬 이슬은 소리 없이 계화를 적시네.
오늘 밤 달 밝은데 모두 다 바라볼 터
가을 생각 누구 집에 떨어질지 모르겠네.

注釋

1) 十五夜(십오야) : 음력 15일 밤. 여기서는 8월 15일 추석을 가리킨다.
2) 地白(지백) : 달빛이 땅에 가득 쏟아짐을 가리킨다.
3) 桂花(계화) : 中秋 전후에 계수나무가 꽃을 피우는 것을 가리킨다. 桂花는 잎 겨드랑이에 黃色이나 黃白色 꽃이 무더기로 피며 향기가 매우 진하다.
4) 秋思(추사) : 가을의 사념.
   落誰家(낙수가) : '在誰家'로 된 판본도 있다.

說明

음력 8월 15일 추석날 밤을 읊은 시이다. 앞 두 구는 추석날 밤의 정경을 그렸고, 뒤 두 구는 시인의 심정을 표현하였다. 承句의 '桂花'는 轉句의 '明月'과 서로 호응을 한다. 시인은 지상의 계화를 보고 달 속의 廣寒宮 앞에 있다는 계수나무를 떠올린다. 그리고 상상을 한다. 천 리 밖 맑은 저 달을 사람들이 다 우러러볼 텐데, 맑은 빛과 함께 인간세상으로 뿌려지는 가을의 사념이 누구의 마음에 떨어질지는 모르겠노라고.

韓 愈
(768-824)

字는 退之이며 河南 南陽(지금의 하남성 孟縣) 사람이다. 당시 韓氏는 昌黎(지금의 遼寧省 義縣)의 일족이 가장 강성하여 '郡望'이었다. 한유도 그 풍속을 따라 자칭 '昌黎 韓愈'라고 하였으며, 후세에는 그를 韓昌黎라고 습관적으로 호칭하였다. 德宗 貞元 8년(792) 진사에 급제하여, 일찍이 몇 몇 節度使 막하에서 屬官을 맡았고 정원 말 監察御史로 옮겼는데, 상소하여 關中의 賦役을 줄여달라고 청원한 일로 덕종의 분노를 사 陽山令(양산은 지금의 廣東省에 속함)으로 좌천되었고, 나중에 江陵法曹參軍으로 전임하였다. 憲宗(806-820 재위) 때에, 太子右庶子가 되었다. 元和 12년(817) 재상 裴度를 수행하여 淮西의 반란을 평정하고, 刑部侍郎으로 옮겼다. 후에 부처의 眞身사리를 모셔 들이는 것을 간한 일 때문에 潮州刺史(조주는 지금의 廣東省 潮陽縣)로 좌천되고, 오래지 않아 袁州刺史(원주는 지금의 江西省 宜春縣)로 옮겼다. 穆宗(821-824 재위) 때에, 소환을 받아 國子監祭酒가 되었고, 京兆尹 겸 御史大夫 및 兵部·吏部侍郎 등을 역임하였다. 그래서 후세에 韓吏部라고도 부른다. 졸년 57세였다. 한유는 柳宗元과 함께 산문 개혁 운동을 제창하였다. 그는 六朝 이래의 浮艶한 문풍을 반대하고, 先秦兩漢의 산문 전통을 계승할 것을 주장하며, 문학 언어는 반드시 "표현이 자기에게서 나오고", "그 내용을 본받되 그 표현은 본받지 않으며", "진부한 표현을 극력 배제해야" 한다고 하였다. 산문은 이치의 설파가 치밀하고 논리성이 강하며, 기세가 분방하고 굳세고 힘이 있어, 후세에 커다란 영향을 미쳤다. 시는 웅건하고 장려하며 산문화하여, "산문의 방식으로 시를 짓는" 경향을 선도하였다. 그러나 奇險과 산문화를 지나치게 추구하여, 일부 작품은 險怪하고 古奧하며, 生僻하고 晦澁하다는 평을 받는다. 시가와 산문은 모두 ≪韓昌黎集≫에 수록되어 있다.

早春呈水部張十八員外
이른 봄 수부원외랑 장적에게

天街小雨潤如酥
草色遙看近却無
最是一年春好處
絶勝煙柳滿皇都

하늘 거리 가랑비는 유지처럼 보드랍고
풀빛 멀리 보이지만 다가가면 없어진다.
일 년 중 봄 좋기는 이때가 으뜸이니
안개 버들 서울 넘쳐도 이만은 못하다네.

注釋

1) 水部張十八員外(수부장십팔원외) : 張籍(766?-830)을 가리킨다. 十八은 排行이다. 장적은 水部員外郞을 맡았었다. 이 시는 모두 두 수인데 이것은 제1수이다.
2) 天街(천가) : 서울의 거리.
   酥(소) : 유지, 동물의 유즙 제품.
3) 草色(초색) 구 : 풀이 막 싹이 터 자라나고 있어, 멀리서 보면 희미한 연초록색으로 보이지만, 가까이 다가가서 보면 오히려 없는 것 같다는 뜻이다.
4) 絶勝(절승) : 훨씬 낫다.
   煙柳(연류) : 봄이 무르익을 때 푸른 버들이 안개처럼 늘어선 아름다운 춘광을 가리킨다.
   皇都(황도) : 皇城.

說明

吏部侍郞이던 長慶 3년(823) 이른 봄 장안에서 지은 것이다. 전반 두 구는 봄비가 촉촉이 대지에 생기를 불어넣어 만물이 소생하는 풀이 막 움트는 초봄의 정경을 그렸고, 후반 두 구는 그런 풍경이 煙柳가 흐드러지게 무르익은 한봄보다 더 아름답다는 시인의 생각을 적었다.

劉禹錫
(772-842)

字는 夢得이며 洛陽(지금의 河南省 洛陽市) 사람인데, 자칭 中山(지금의 河北省 定縣) 사람이라고 하였다. 흉노족의 후예이다. 德宗 貞元 9년(793)에 진사에 급제하였다. 柳宗元(773-819)과 함께 王叔文 집단의 정치혁신에 참여하였다가, 폄적되어 朗州(지금의 湖南省 常德市), 連州(지금의 廣東省 連縣), 夔州(지금의 四川省 奉節縣), 和州(지금의 安徽省 和縣) 등지를 22년 간 떠돌았다. 56세에 장안으로 돌아와 主客郎中, 集賢殿學士, 太子賓客 등을 맡아서, 세칭 '劉賓客'이라고 한다. 관직은 檢校禮部尚書에서 마쳤다. 그의 시는 회고와 영물을 통해 정치의 암흑상과 백성의 질고를 폭로한 것이 많다. 필력이 호방하고 굳세며 氣韻이 침착하고 웅건하여, '詩豪'라는 찬양을 받는다. 湖南과 四川으로 폄적되었을 때, 그곳 소수민족 民歌의 영향을 받아 〈竹枝〉, 〈浪淘沙〉 등의 詞를 창작하였으니, 중당 시기에 비교적 일찍 依聲塡詞를 시작한 작가의 하나이다. 그는 유종원, 白居易(772-846)와 우정이 매우 깊어, '劉柳', '劉白'이라는 칭호가 있다. 시는 현재 670여 수가 남아 있으며 ≪劉賓客文集≫이 있다.

烏衣巷
오의항

朱雀橋邊野草花
烏衣巷口夕陽斜
舊時王謝堂前燕
飛入尋常百姓家

주작교 부근에는 들풀이 꽃 피우고
오의항 어귀에는 석양이 기운다.
왕씨 사씨 대갓집을 찾아오던 옛 제비
이제는 평범한 백성 집을 날아든다.

注釋

1) 烏衣巷(오의항) : 옛 지역 이름. 지금의 江蘇省 南京市 秦淮河 남쪽 기슭에 있었다. 삼국 시대 東吳가 일찍이 이곳에 군영을 건설하였는데, 사병들이 모두 검은 옷을 입었기에 이런 이름을 얻었다. 晉代에 이르러 이곳은 남조의 대세족인 王씨와 謝씨 두 집안의 聚居地가 되었다.
2) 朱雀橋(주작교) : 오의항에서 멀지 않은 진회하에 놓여있는 다리로 당시 車馬가 왕래하던 교통의 요지였다.
3) 王謝(왕사) : 東晉 최대의 호문세족인 王導(276-339)와 謝安(320-385). 그들은 당시 모두 烏衣巷에 살았다.
4) 尋常(심상) : 평범하다.

說明

〈金陵五題〉라는 다섯 수의 懷古詩 중의 한 수이다. 금릉은 南京의 옛 이름으로 吳, 東晋, 宋, 齊, 梁, 陳 여섯 왕조의 옛 도읍으로, 300여 년 동안 번영을 구가하였다. 그러나 이 여섯 왕조가 연이어 멸망함에 따라 옛날의 번영은 모두 사라졌다. 이 시는 동진의 대 귀족이 살던 烏衣巷의 쇠락한 모습에 초점을 맞추어 흥망성쇠와 빈부귀천의 무상함을 노래하였다. 특히 轉·結句의 과거 '王謝堂前'을 드나들던 제비가 지금은 '尋常百姓家'로 날아드는 장면의 묘사가 깊은 함축과 긴 여운을 남긴다.

西塞山懷古
서새산에서 옛일을 떠올리며

王濬樓船下益州
金陵王氣黯然收
千尋鐵鎖沈江底
一片降旛出石頭
人世幾回傷往事
山形依舊枕寒流
從今四海爲家日
故壘蕭蕭蘆荻秋

왕준의 누선이 익주로 내려가니
금릉의 왕기는 슬프게도 거둬졌다.
천 심의 쇠사슬을 강바닥에 설치해도
한 조각 항복 깃발 석두성에 내걸렸다.
인생에 몇 번이나 지난 일 슬퍼할까
산의 모습 여전히 차가운 물 베고 있다.
지금부터 사해가 한 집 되는 날까지
옛 보루 쓸쓸하다 갈꽃 피는 이 가을.

注釋

1) **西塞山(서새산)** : 지금의 湖北省 黃石市에 있다. 양자강 중류의 險隘로 삼국시대 吳나라는 이곳에 江防(강물의 범람을 예방하는 제방시설)을 건설하였다.
2) **王濬(왕준)** : 西晉의 명장(252-314). 자는 士治, 弘農 湖縣(지금의 河南省 靈寶市 남서쪽) 사람이다. 益州刺史를 지냈다. 晉 武帝의 명을 받아 큰 樓船을 제조하였는데 2천 명이 탈 수 있었다고 한다. 太康 원년(280) 정월에 吳를 치기 위해 成都에서 출발하여 오나라의 수도 建業(지금의 江蘇省 南京市)을 곧장 공격하여 石頭城까지 진격하자, 오나라 군주 孫皓는 투항하였다.
   益州(익주) : 지금의 四川省 成都市.
3) **金陵(금릉)** : 오나라 수도 建業. 전국시대 楚 威王 때 그 땅에 王氣가 있는 것을 보고 쇠를 묻어 눌렀기 때문에 金陵이라고 한다고 전해진다. 秦이 천하를 통일한 뒤에 이름을 秣陵으로 바꿨다.
   黯然(암연) : 슬퍼하는 모양.
4) **千尋(천심)** : 매우 긴 것을 말한다. '尋'은 길이의 단위로 고대에 1심은 8尺이었다.
   鐵鎖(철쇄) : 쇠사슬. 당시 오나라는 강물 속에 쇠사슬을 설치하였는데, 왕준은 대형의 횃불을 이용하여 태워서 잘라버렸다고 한다.
5) 降旛(항번) : 항복 깃발. 降旗.
   石頭(석두) : 石頭城. 옛터는 지금의 남경 淸涼山에 있다. 孫權이 건축하였는데 唐 高祖 武德(618-626) 때에 철거하였다.
6) **寒流(한류)** : 가을 강물을 말한다.

   이 구는 이 전투는 끝난 지 오래라 이미 옛 자취가 되었지만, 저 산은 여전히 강가에 조용히 있음을 말한다. '**枕**'자로 山을 의인화함으로써 생동감을 더하고 **懷古**의 정을 더욱 절실하게 하였다.
7) **四海爲家(사해위가)** : 천하통일을 뜻한다. ≪史記·高祖本紀≫에 "천자는 四海를 집으로 삼는다."고 하였다.
8) **故壘(고루)** : 서새산을 가리킨다. 아울러 六朝 이래의 전쟁의 유적을 포함한다.

說明

穆宗 長慶 4년(824) 夔州(지금의 四川省 奉節縣)에서 和州(지금의 安徽省 和縣)로 가는 도중에 지은 것이다. 제3,4구는 地利는 믿을 것이 못 된다는 것을 말하였고, 제5,6구는 往事를 애상하였다. 吳나라뿐만 아니라 이후의 宋, 齊, 梁, 陳에서 唐에 이르기까지 수많은 전쟁이 있었지만 산은 변함없이 옛 모습 그대로 양자강의 차가운 물을 '베고' 누워 있는 모습에서, 끝없는 애수를 느낄 수 있다. 끝 두 구는 시인 당시의 이야기이면서 앞으로도 얼마나 많은 전란이 있을지를 염려하는 마음을 담고 있다.

淸 方東樹(1772-1851)는 ≪昭昧詹言≫에서 이 시를 평하면서 "이 시는 옛 사람들이 모두 선본에 골라 실었지만, 두보의 〈詠懷古蹟〉에 견주면 그다지 奇警하고 勝妙한 점이 없다. 대체로 유우석은 才人이어서 막힘없이 서술하면서 어렵게 고심한 흔적이 보이지 않는데, 이것은 그가 남보다 뛰어난 점이다. 그러나 頓挫와 沈鬱이 결핍되고 시 안에 자기 자신이 없기 때문에 두보에 못 미친다."라고 하였다. 방동수는 古詩를 평하면서 魂을 중시하였는데 "이른 바 魂이란 것은 모두 나를 이용하는 것을 주로 하면 자연스럽게 興趣와 韻味가 생기는 것"이라고 하였다.

白居易
(772-846)

字는 樂天, 호는 香山居士이다. 原籍은 太原인데 조상이 下邽(지금의 陝西省 渭南市)로 이주하였다. 德宗 貞元 16년(800) 진사가 되어 秘書省 校書郎에 제수되었다. 元和(806-820) 초에 周至尉(주지현은 지금의 陝西省에 속함)가 되고, 후에 翰林學士와 左拾遺 등을 임직하였다. 원화 9년(814) 한직인 太子左贊善大夫가 되었다. 원화 10년(815) 6월 재상 武元衡(758-815)이 자객에게 살해되고 어사대부 裴度(765-839)가 중상을 입는 사건이 발생했는데, 실질적으로 국정 참여가 불가능한 백거이가 이 사건을 '國恥'로 여기고 도적을 체포할 것을 주장하는 상소를 올렸다. 이 일은 월권으로 사대부로서의 자질이 문제가 된다는 논란을 야기하게 되었다. 백거이는 결국 이 일 때문에 江州司馬(강주의 治所는 지금의 江西省 南昌市)로 폄적되었다. 穆宗 長慶(821-824) 연간에 杭州와 蘇州의 자사가 되었다. 만년에 太子賓客 등을 역임하고 刑部尙書로 관직을 마감하였다. 그는 唐代 신악부운동의 주도자로 "문장은 모름지기 시대를 위하여 저술하고 시가는 마땅히 사실을 위하여 지어야 함"을 제창하고, ≪詩經≫의 좋은 전통과 杜甫의 현실주의 정신을 계승할 것을 강조하였다. 〈新樂府〉 50수와 〈秦中吟〉 10수는 저명한 풍유시이다. 현존시는 3,600여 수이며 ≪白氏長慶集≫이 있다.

暮江吟
저문 강

一道殘陽鋪水中
半江瑟瑟半江紅
可憐九月初三夜
露似眞珠月似弓

한 줄기 석양빛이 물속에 퍼져
강물 반은 푸르고 절반은 붉다.
사랑스런 구월의 초사흘 밤은
이슬은 진주 같고 달은 활이라.

注釋

1) 殘陽(잔양) : 석양.
2) 瑟瑟(슬슬) : 珠玉의 명칭. 그 색깔이 벽록색이다.
3) 可憐(가련) : 사랑스럽다.
4) 眞珠(진주) : 珍珠.

說明

長慶 2년(822) 가을 杭州로 부임하는 도중에 지은 '雜律詩'로, 어둠이 내리기 전후의 늦가을 강가의 모습을 그렸다. 전반 두 구는 석양이 비치는 강의 절반은 저녁놀에 붉게 물들고 산그늘이 진 곳은 녹색인 모습을 그렸다. 후반 두 구는 밤이 되어 반달이 하늘에 떠오르고 풀잎에 이슬이 내린 모습을 그렸는데, 맑고 영롱한 가을 달밤의 정경을 그림처럼 아름답게 표현하여 秋江의 밤빛에 무한한 詩情을 보태어준다.

賦得古原草送別
고원의 풀 : 송별

離離原上草
一歲一枯榮
野火燒不盡
春風吹又生
遠芳侵古道
晴翠接荒城
又送王孫去
萋萋滿別情

더부룩이 자라난 초원의 풀은
한 해에 한 번씩 무성해진다.
들불도 완전히 다 태우지 못해
봄바람 불어오면 또 돋아난다.
멀리 뻗은 방초는 옛 길을 침범하고
맑은 날 녹야는 황성으로 이어진다.
왕손을 또 떠나보내려는데
무성하게 이별의 정 가득 넘친다.

注釋

1) 賦得(부득) : 고인은 시를 지을 때 먼저 제목을 정해놓고 그 내용에 맞춰 시를 짓는 경우가 있었는데, 이 경우 관례에 따라 제목에 '賦得' 두 자를 붙였다. 이러한 작법은 應製詩에서 기원하였는데, 나중에는 科擧의 답안인 試帖詩에 널리 응용되었다. 이 시는 백거이가 과거시험을 준비하면서 습작으로 지은 작품이다. 시의 소재는 '古原草'이고 주제는 '送別'이다. 제목은 '草'로 된 판본도 있다.
   原(원) : 原野, 초원. '古原'은 오래된 초원이라는 뜻이다.
2) 離離(이리) : 무성하고 많은 모양, 풀이 더부룩한 모양.
3) 一歲(일세) : 일 년.
   枯榮(고영) : 시들었다가 다시 무성해지다.
4) 野火(야화) 두 구 : 본래 들풀의 끈질긴 생명력을 형용한 것인데, 지금은 생명력이 충만한 사물은 어떠한 힘으로도 말살할 수 없다는 비유로 흔히 사용된다.
5) 遠芳(원방) : 길게 뻗어나간 봄풀.
6) 晴翠(청취) : 햇빛이 내려쬐는 광활한 녹야.
7) 王孫(왕손) : 본래 귀족을 가리키지만 여기서는 전송을 받는 벗을 가리킨다.
8) 萋萋(처처) : 풀이 무성한 모양.

   이 두 구는 ≪楚辭 · 招隱士≫의 "왕손은 떠나가 돌아오지 않는구나, 봄풀은 돋아나 우거졌는데(王孫遊兮不歸, 春草生兮萋萋)"를 전고로 하였다. 王維의 〈山居秋暝〉 참조.

說明

이 시는 백거이의 早期의 작품으로, 풀의 끈질긴 생명력을 표현하였을 뿐만 아니라 그것에다가 사람의 감정도 부여하였다. 그 중 "들불도 완전히 다 태우지 못해, 봄바람 불어오면 또 돋아난다."는 불후의 명구가 되었다. 백거이도 이 시로 일거에 명성을 떨쳤다. 元 辛文房의 ≪唐才子傳≫에는 이 시에 얽힌 일화가 소개되어 있다. 백거이가 당시 명망 있던 시인 顧況(?-?)을 찾아갔는데, 고황은 "長安은 百物이 다 귀하여 살기가 대단히 쉽지 않을 것(居大不易)"이라고 하면서 백거이의 이름을 가지고 놀렸다. 나중에 "들불도 완전히 다 태우지 못해, 봄바람 불어오면 또 돋아난다." 두 구를 읽고는 "이와 같은 시구가 있다면 천하에 사는 것도 어렵지 않을 것이다(居天下亦不難). 늙은이가 아까 한 말은 장난일 뿐이다."라고 하였다는 것이다.

柳宗元
(773-819)

字는 子厚이며 河東(지금의 山西省 永濟縣) 사람이어서 柳河東이라고 부른다. 貞元 9년(793)에 진사가 되고, 12년(796)에 秘書省 校書郎이 되었다. 또 博學宏詞科에 합격하여 集賢殿正字를 제수받았다. 정원 17년(801)에 藍田尉(남전현은 陝西省에 속함)가 되고, 19년(803)에 監察御史가 되었다. 그는 王叔文 집단의 정치 혁신에 적극 참여하여 禮部員外郎이 되었다. 실패한 뒤 永州司馬(영주는 지금의 湖南省 零陵縣)로 좌천되고 뒤에 柳州刺史(유주는 지금의 廣西省 柳州市)로 옮겼기에 또 柳柳州라고도 부른다. 유종원은 산문, 시가, 부의 창작에 모두 높은 성취가 있어 일대의 기풍을 열었다. 그는 唐代의 걸출한 문학가이자 사상가로, 韓愈(768-824)와 함께 고문운동을 제창하여 '韓柳'로 병칭되며 唐宋八大家에 함께 들어간다. 그의 시는 풍경에 감정을 기탁하는 데 뛰어나며, 준수하고 우아하면서 웅건하다. ≪柳河東集≫이 있다.

江雪
강에는 눈 내리고

千山鳥飛絶
萬徑人踪滅
孤舟蓑笠翁
獨釣寒江雪

산마다 새 날기 멈추어지고
길마다 사람 자취 사라졌는데,
외로운 배 도롱이에 삿갓 쓴 노인
차가운 강 눈 속에서 홀로 낚는다.

注釋

1) 江(강) : 瀟·湘 두 강을 가리키는 것 같다. 이 두 강은 永州에서 합쳐지는데, 당시 유종원은 영주의 貶所에 있었다.
2) 絶(절) : 단절되다, 자취가 사라지다.

   이 구는 하늘에는 이미 새 그림자도 보이지 않는다는 뜻이다.
3) 徑(경) : 소로, 오솔길.

   踪(종) : 발자취, 족적.

   이 구는 길에는 이미 사람의 자취도 보이지 않는다는 뜻이다.
4) 蓑笠翁(사립옹) : 도롱이를 걸치고 삿갓을 쓴 어옹. '蓑'는 도롱이이고 '笠'은 삿갓이다.
5) 獨釣(독작) 구 : 혹한에다 큰 눈이 오는 날에 홀로 강가에서 낚시를 하다.

說明

永州司馬로 좌천되어 〈永州八記〉 같은 저명 山水遊記를 창작하던 시기에 지은 대표적인 산수시이다. 새하얀 백설이 수많은 산과 길을 뒤덮어 나는 새 그림자도 보이지 않고 다니는 사람 자취도 없는 일망무제한 백설의 천지이다. 이러한 얼어붙은 화면 위에 외로운 작은 배 한 척이 나타났는데, 배에는 도롱이를 걸치고 삿갓을 쓴 늙은 어옹이 낚싯대를 들고 강 가운데서 홀로 낚시를 하고 있다. 고요하기 그지없고 한랭하기 짝이 없는 강변 설경을 묘사하면서 시인 자신의 幽靜寒冷한 처지와 淸高孤傲한 태도를 담아내었다.

張 祜
(?-859?)

이름은 祐라고도 한다. 字는 承吉이며 淸河(지금의 河北省 淸河縣) 사람이다. 일설로는 南陽(지금의 河南省 南陽縣) 사람이라고도 한다. 文宗 大和 3,4년(829-830) 사이에 天平節度使 令狐楚의 인정을 받고 조정에 추천되었지만 등용되지 못하였다. 그로부터 벼슬길에 뜻을 잃고 양자강과 淮水 이남의 각지를 만유하였고, 나중에 丹陽(지금의 江蘇省에 속함) 曲阿池에 은거하다가 宣宗 大中(847-859) 연간에 죽었다. 당시 상당히 시명을 떨쳤으며 白居易(772-846), 杜牧(803-852) 등과 교유하였다. 시는 비교적 함축적이고 재치가 있으며, 宮怨과 산수 및 실의하여 만유하는 생활을 읊은 작품이 많다. ≪全唐詩≫에 시 2권이 실려 있고 ≪張處士詩集≫이 있다.

題金陵渡
금릉 나루에서

金陵津渡小山樓
一宿行人自可愁
潮落夜江斜月裏
兩三星火是瓜州

금릉의 나루터에 소산의 누각
하룻밤 나그네는 시름에 겹다.
물 빠지는 저녁 강 기우는 달빛
두 서너 별빛이 과주일런가.

注釋

1) 金陵渡(금릉도) : 이 시에서 金陵은 京口로 지금의 江蘇省 鎭江市이다.
2) 津渡(진도) : 나루.
   小山樓(소산루) : 시인이 묵고 있는 숙소를 말한다.
3) 瓜州(과주) : 鎭 이름. 瓜埠州라고도 부른다. 그 생김새가 오이 같아서 얻은 이름이다. 지금의 江蘇省 揚州市 邗江區 남쪽에 있다. 대운하가 양자강으로 들어가는 곳으로 진강시와 강을 사이에 두고 비스듬히 마주보고 있으며, 양자강 남북의 교통 요지이다.

說明

실의하여 강남을 漫遊하던 시기의 작품이다. 그날 밤 시인은 금릉 나루의 小山樓에 묵었는데 객거에 적적하여 한 가닥 향수가 저절로 피어오른다. 마침 썰물이 빠져나가는 밤 강은 어둑어둑하고 기우는 달빛도 침침하다. 희미한 달빛 속에 멀리 몇 개의 별 같은 불빛이 짙은 어둠 속에서 반짝인다. 불빛이 비치는 저 곳은 아마도 대운하가 시작되는 과주임에 틀림없을 것이다. 과주에 생각이 미치자 한 가닥 鄕愁가 불현듯 피어오른다.

杜 牧
(803-852)

字는 牧之이며 京兆 萬年(지금의 陝西省 西安市) 사람으로, 재상 杜佑(735-812)의 손자이다. 文宗 太和 2년(828)에 진사에 급제하여 宏文館 校書郎이 되었다. 그 뒤 다년간 막료를 지낸 후 監察御史, 膳部·比部司勛員外郎, 黃州(치소는 지금의 湖北省 新洲縣)·池州(치소는 지금의 安徽省 貴池縣)·睦州(치소는 지금의 浙江省 建德縣 북동쪽) 등지의 刺史를 역임하였으며, 마지막으로 中書舍人이 되었다. 세칭 杜樊川이라고 한다. 두목은 정치에 관심이 많고 濟世之才를 지녔다고 자부하였으며, 시문은 時政을 다룬 것이 많은데 옛일을 빌어 현실을 풍자한 작품이 적지 않다. 만당 시기의 대표 시인으로, 고·근체에 모두 훌륭한 작품이 있지만 칠언절구가 가장 뛰어나다. 시풍은 雄姿英發한 면도 있고 淸新俊逸한 면도 있다는 평가를 받는다. 만당 시단에서 李商隱(813?-858?)과 이름을 나란히 하여 '小李杜'라 불린다. ≪全唐詩≫에 그의 시 8권을 수록하였고 ≪樊川文集≫이 있다.

秋夕
가을 저녁

銀燭秋光冷畵屛
輕羅小扇撲流螢
天階夜色凉如水
坐看牽牛織女星

은촛대 가을 불빛 화병에 차가운데
자그마한 비단 부채 개똥벌레 후려친다.
노천 계단 밤빛은 물처럼 서늘한데
견우와 직녀성을 앉아서 바라본다.

注釋

1) 秋夕(추석) : 가을 저녁. 詩題가 '七夕'으로 된 판본도 있다.
2) 銀燭(은촉) : 흰 밀랍 초.
   이 구는 가을 밤 촛불이 그림 병풍에 비치어 서늘한 느낌을 준다는 뜻이다.
3) 輕羅小扇(경라소선) : 가볍고 얇은 비단으로 만든 작은 團扇.
   撲(박) : 치다, 쫓다.
   流螢(유형) : 날아다니는 반디.
4) 天階(천계) : 노천의 돌계단. '天街'로 된 판본도 있다.
5) 坐看(좌간) : '臥看'으로 된 판본도 있다.

說明

앞 두 구는 초가을 저녁 작은 비단부채로 반디를 쫓는 여주인공의 모습을 그렸다. '輕羅小扇'은 많은 함의를 지니고 있다. 일차적인 의미는 '合歡'이다. 그러나 지금의 여주인공에게는 '秋扇'이다. 그래서 그녀는 가을 저녁 아름다운 불빛을 선사하는 반디조차 귀찮아서 그 부채로 '후려쳐서' 쫓아버리는 것이다. 뒤 두 구는 여주인공이 밖으로 나와 물처럼 '서늘한' 섬돌에 앉아 견우직녀를 넋을 놓고 바라보는 장면을 그렸다. 견우와 직녀도 1년에 한 번 만난다는 '七夕'이다. 結句는 제목과 호응하면서 오랜 여운을 남긴다.

山行
산길을 가며

遠上寒山石徑斜
白雲生處有人家
停車坐愛楓林晩
霜葉紅於二月花

가을 산의 돌길을 멀리 비껴 오르니
흰 구름 피는 곳에 인가가 나타나네.
수레를 멈춘 것은 저녁 단풍 곱기 때문
서리 맞은 나뭇잎 봄꽃보다 더 붉네.

注釋

1) 山行(산행) : 산길을 가다, 산을 오르다.
2) 寒山(한산) : 深秋의 산. '寒'은 가을의 사물을 나타내는 관형어로 흔히 사용된다.
   石徑(석경) : 산간의 돌길.
3) 白雲生處(백운생처) : 흰 구름이 뭉게뭉게 피어오르는 곳. 산림 속 높고 깊은 곳을 가리킨다. '生'은 '深'으로 된 판본도 있다.
4) 坐(좌) : ……로 인하여. '앉아서'라고 풀이하기도 한다.
5) 霜葉(상엽) 구 : 서리를 맞은 단풍잎이 음력 2월 꽃보다도 더 붉고 아름답다는 뜻이다.

說明

秋色을 찬미한 시이다. 앞 두 구는 원경의 묘사이다. 깊은 가을, 산림에는 한기가 제법 서려 있지만 시인은 그래도 구불구불한 산길을 수레를 타고 천천히 오른다. 석판이 깔린 산길은 구불구불 흰 구름 피어나는 깊은 곳까지 뻗어 있다. 가없는 운무가 시인의 시선을 차단하는데, 드문드문 가옥 몇 채가 구름 속에 나타났다 사라지곤 한다. 뒤 두 구는 근경으로 '霜葉'에 초점을 맞추었다. 불붙는 듯이 붉은 단풍 숲이 갑자기 시인의 눈앞에 펼쳐진다. 서리를 맞은 붉은 나뭇잎은 음력 2월의 봄꽃보다 더 붉고 예쁘다. 봄빛보다 더 고운 단풍 숲의 아름다운 풍경에 시인은 한껏 매료되어, 마음껏 감상하기 위해 자신도 모르게 수레를 멈추었다.

李商隱
(813?-858?)

字는 義山, 號는 玉溪生, 다른 호는 樊南生이다. 原籍은 懷州 河內(지금의 河南省 沁陽縣) 사람인데, 祖父 때부터 鄭州 滎陽(지금의 河南省 滎陽縣 북동)으로 이주하였다. 文宗 開成 2년(837) 진사에 급제하여, 秘書省 校書郞을 제수받고 弘農尉에 보임하였다. 후에 涇原節度使 王茂元 막하의 書記가 되고 그의 딸과 혼인을 하였다. 이로 인해 牛·李黨爭에 휘말리게 되고 사람들의 배척을 받아 평생 실의하였다. 한창 때에 滎陽에서 죽었다. 이상은은 만당 시단에서 중요한 인물로 杜牧(803-852)과 이름을 나란히 하여 '小李杜'로 불려지고, 溫庭筠(812?-866?)과 '溫李'로 병칭된다. 그의 시는 감상적 정조가 비교적 농후한데, 정치와 애정 및 인생의 실의에서 오는 감개를 토로한 것이 많으며, 比興寄託이 심오하고 정서가 심원하다. 근체시가 성취가 비교적 높은데 특히 七言律絶에 뛰어났다. 다만 그의 시는 전고의 사용이 너무 많아 어떤 때에는 난삽한 데로 흐른다. ≪李義山詩集≫ 3권이 있다. 후인이 ≪樊南文集≫과 ≪樊南文集補編≫을 輯錄하였다.

霜月
서리 내리는 달밤

初聞征雁已無蟬
百尺樓臺水接天
青女素娥俱耐冷
月中霜裏鬪嬋娟

기러기 막 들리고 매미 이미 사라졌는데
백 척 누대에 물은 하늘과 맞닿았네.
청녀와 항아는 추위를 무릅쓰고
달과 서리 속에 아름다움 다투네.

注釋

1) **樓臺(누대)** : '樓高'로 된 판본도 있고, '樓南'으로 된 판본도 있다.
2) **靑女(청녀)** : 靑霄玉女. 서리와 눈을 관장하는 전설 속의 여신. ≪淮南子·天文訓≫에 "가을 석 달이 되면, ……靑女가 나와서 서리와 눈을 내린다."고 하였다.
   素娥(소아) : 嫦娥(姮娥). 전설에 의하면 그녀는 名弓 羿의 아내로 예가 西王母한테서 받은 불사약을 훔쳐 달로 달아났다고 한다. 달빛이 희기 때문에 '素娥'라고 하였다.
2) **鬪(투)** : 서로 겨루다.
   嬋娟(선연) : 용모와 자태가 아름다움을 형용한다.
   청녀와 항아가 각각 달과 서리 속에서 서로의 아름다움을 겨룬다는 뜻이다.

說明

낭만적 색채가 넘치는 가을의 송가이다. 앞 두 구는 눈앞의 정경이다. 가을바람은 점차 쌀쌀해지고 맑은 서리는 내리기 시작하는데, 하늘에선 남으로 가는 기러기 울음소리가 막 들려오고, 매미소리는 이미 들을 수 없게 되었다. 서리가 내리는 달밤, 시인은 홀로 높은 누각에 올라 난간에 기대어 멀리 바라본다. 눈앞에는 온통 아득한 가을 물이 밝은 달빛 아래 하늘과 맞닿아 있다. 뒤 두 구는 전설을 통한 상상이다. 이 밤 풍경이 아름다운 것은 청녀와 항아가 추위를 무릅쓰고 아름다움을 다투기 때문이라고.

蟬
매미

本以高難飽
徒勞恨費聲
五更疏欲斷
一樹碧無情
薄宦梗猶泛
故園蕪已平
煩君最相警
我亦擧家淸

본디부터 높이 살면 배부르기 어려운데
부질없이 한스럽게 소리만 허비하네.
새벽에야 드문드문 끝나려는데
나무는 무정하게 온통 푸르다.
말직이라 나무인형 다름없는데
고향동산 잡초 이미 우거졌구나.
수고롭게 그대가 날 깨우쳤으니
나 역시 온 집안이 청백하다네.

注釋

1) 本以(본이) 두 구 : 고인들은 매미가 바람과 이슬만 먹는 것으로 여겼다. 높은 곳에서 살고자 하면 배불리 먹기 어려우니 한 맺히게 울어도 부질없다는 것을 말하였다.
2) 疏(소) : 매미의 울음소리가 드문드문해지다.
3) 一樹(일수) 구 : 매미는 구슬피 울어도 나무는 그저 푸르러서 무정한 것 같다는 뜻이다. 시인 자신의 냉대 받는 처지를 비유하였다.
4) 薄宦(박환) : 관직이 비천하다.
   梗猶泛(경유범) : 나무 인형도 뜨다. 梗은 나무 인형. ≪戰國策·齊策三≫에 土偶가 桃梗에게 "너는 東國의 桃梗으로 깎아서 너를 사람 모양으로 만들었는데 비가 내려 淄水가 이르면 너는 떠내려갈 텐데 두둥실 떠다니는 것이 무엇 같을까?"라고 하였다. 여기서는 영락하여 떠도는 자신의 신세를 비유한다.
5) 蕪已平(무이평) : 우거진 풀이 평평해지다. 잡초가 무릎까지 이르도록 우거졌다는 뜻이다.
6) 君(군) : 매미를 가리킨다.
7) 淸(청) : 절조를 지키는 것을 말한다.

說明

매미를 읊은 詠物詩이다. 첫 구에서는 매미의 울음을 듣는 것에서 시작하여 마지막 구에서 매미로 자산에게 경계하는 것으로 마무리하였다. 시의 매미는 바로 매미처럼 고상하게 절조를 지키려는 시인 자신이다.

錦瑟
화려한 슬

錦瑟無端五十弦
一弦一柱思華年
莊生曉夢迷蝴蝶
望帝春心托杜鵑
滄海月明珠有淚
藍田日暖玉生煙
此情可待成追憶
只是當時已惘然

화려한 슬 까닭 없이 쉰 개의 현이 있어
현 하나 안주 하나 화려한 시절 떠올린다.
장주는 새벽꿈에 나비 되어 헤매었고
망제는 춘심을 두견새에 실었던가.
창해에 달 밝으면 진주는 눈물지고
남전산에 해 비치면 옥에는 연기 핀다.
이 심정이 어찌 기다려서 추억 되랴
당시에 이미 그저 망연자실 하였는데.

注釋

1) 錦瑟(금슬) : 첫 구의 첫머리 두 글자를 제목으로 삼았다. 제목은 '화려한 슬(錦瑟)'이지만 전편의 대의는 이와는 무관하다. 이상은에게는 이러한 '詩經'식의 제목과 '無題'라는 제목의 시가 많다.

2) 錦瑟(금슬) : 장식이 화려한 瑟. '瑟'은 현악기로 통상 25현이었다.

 無端(무단) : 무슨 까닭으로, 까닭 없이. 원망하는 말이다.

 五十弦(오십현) : 瑟의 현 수를 말한다. ≪史記·封禪書≫에 "太帝가 素女더러 五十弦의 瑟을 탄주하게 하였는데 태제는 억제할 수 없을 정도로 슬퍼서 그 슬을 쪼개어 25현으로 만들게 하였다."라고 하였다.

3) 華年(화년) : 화려한 세월. 한창 때의 젊은 시절.

4) 莊生(장생) : 莊周. ≪莊子·齊物論≫에 장자가 꿈에 나비가 되었다가 깨어나서 "내가 꿈에 나비가 된 것인지 나비가 꿈에 내가 된 것인지 모르겠다."고 한 이야기가 실려 있다.

 이 구는 인생이 꿈과 같아 虛幻하다는 뜻을 담고 있다.

5) 望帝(망제) : 옛날 蜀나라의 임금 杜宇의 호. 사후에 혼백이 子規로 화하였다고 한다. 子規는 杜鵑이다.

 이 구는 붙들 수 없는 청춘 또는 젊은 날의 가슴 아픈 사랑을 말하는 것 같다.

6) 滄海(창해) : 큰 바다.

 珠有淚(주유루) : 전설에 의하면 南海 밖에 鮫人이 있는데 그가 흘리는 눈물이 진주가 된다고 한다.

 이 구는 지난 날 슬펐던 일을 회상하는 것을 나타내는 것 같다.

7) 藍田(남전) : 산 이름. 지금의 陝西省에 있으며 美玉의 산지이다.

 玉生煙(옥생연) : 司空圖의 〈與極浦書〉에 戴叔倫의 말을 인용하여 "시인이 그린 景은 남전산에 햇볕이 따뜻해지면 옥에서 연기가 피어오르는 것과 같아서, 바라볼 수는 있지만 눈앞에 가져다 둘 수는 없다."고 하였다.

 이 구는 지난 날 즐거웠던 일을 회상하는 것을 나타내는 것 같다. 또는 시문을 짓던 일을 말하는 것으로 볼 수도 있다.

8) 可待(가대) : 어찌 기다리랴. '可'는 '豈'의 뜻.

9) 祇是(지시) : 다만.

이상 두 구에 대해 高步瀛은 ≪唐宋詩擧要≫에서 "위에서 서술한 일들은 모두 실의한 일이어서, 오늘까지 기다려 추억하면서 망연자실하는 것이 아니라 당시에 이미 그러하였다는 말이다."라고 하였다.

說明

이 시에 대한 해석은 분분하다. 그 중에서 悼亡詩로 보는 견해가 비교적 많지만, 만년에 지나온 한평생을 되돌아보면서 지은 것으로 보는 견해가 유력하다. 金性堯는 ≪唐詩三百首新注≫에서 "스스로 신세를 슬퍼하고 번민을 해소하기 어려워 괴로워하는 작품이 아닌가 여겨지지만, '滄海'와 '藍田' 두 구는 적확하게 해석하기 어려우니, 여기서는 의혹을 그대로 남겨두는 수밖에 없다."고 하였다.

無題
무제

相見時難別亦難
東風無力百花殘
春蠶到死絲方盡
蠟炬成灰淚始乾
曉鏡但愁雲鬢改
夜吟應覺月光寒
蓬山此去無多路
青鳥殷勤爲探看

만나기가 어렵더니 이별도 어려운데
봄바람 힘을 잃어 온갖 꽃 다 시든다.
봄누에는 죽어야만 실뽑기를 다하고
밀랍 초는 재 되어야 눈물이 마른다.
새벽에 거울 보고 머리 센 것 슬퍼하고
밤에 노래하며 달빛 찬 것 느끼리라.
봉래산은 여기서 그리 멀지 않으니
파랑새야 은근히 날 위해 찾아주렴.

注釋

1) **無題(무제)** : 제목으로 내세우기 불편한 내용을 다룬 시는 '無題'라는 제목을 붙였다. 張采田은 ≪李義山詩辨正≫에서 "'無題'라는 詩格은 이상은이 창조한 것"이라고 하였다.
2) **相見(상견) 구** : 안 만났으면 이별도 없을 것인데, 어렵사리 만났기 때문에 이별도 어렵게 느껴짐을 말한다.
3) **東風(동풍) 구** : 이별하는 시점이 늦봄임을 말한다.
4) **絲(사)** : '思'와 諧音 雙關이다.

   이 구와 다음 구는 상대방에 대한 사랑과 그리움은 죽어야 끝이 날 것임을 말한 것이다.

5) **雲鬢(운빈)** : 부녀자의 머리숱이 많고 촘촘한 것을 형용한다.

   이 구는 상대방이 이른 아침 거울을 볼 때 괴로운 그리움으로 인하여 머리가 세고 초췌해진 것을 염려할 것이라는 시인의 상상이다.

6) **應覺(응각)** : 틀림없이 느낄 것이다. 상상한다는 뜻이다.
7) **蓬山(봉산)** : 蓬萊山. 仙境을 가리킨다. 여기서는 상대방이 있는 장소를 말한다.
   月光寒(월광한) : 밤이 점점 깊어짐을 말한다.
8) **青鳥(청조)** : 신화에 나오는 여신 西王母를 위해 음식을 구해오고 소식을 전해주는 새. 반가운 使者나 편지를 가리킨다. 여기서는 상대방의 소식이나 편지를 기다리는 마음을 나타낸다.

說明

'無題' 시 중의 대표작이다. 이 시의 주제에 대해서는 여러 견해가 있지만 어느 것도 확증이 없다. 표면적으로 보면 이별과 상사의 고통을 읊은 것으로 볼 수 있다. 頷聯은 諧音雙關의 수법으로 자신의 情人에 대한 변함없는 마음을 나타내었고, 頸聯은 상대방의 상황을 상상하였다. 金性堯도 ≪唐詩三百首新注≫에서 "이 시 역시 人事 관계에서의 隱託이 있을 가능성이 있지만, 그냥 시 표현 그대로 보자면 愛情詩로 볼 수밖에 없다."고 하였다.

당송 근체시 백수

宋詩

林 逋
(967-1028)

字는 君復이며 錢塘(지금의 浙江省 杭州市) 사람이다. 평생 벼슬을 하지 않았으며, 그것을 스스로 자랑으로 여겼다. 西湖의 孤山(지금의 浙江省 杭州市 소재)에 살면서 妻子가 없이 梅花와 仙鶴을 벗 삼아 살아 '梅妻鶴子'라고 하였다. 後人들은 그를 또 和靖先生이라고 불렀다. 그의 시는 晩唐을 드나들면서도 平淡하고 淸雋한 風格을 지녀, 西崑體와 革新派 사이에서 독자적인 풍격을 갖추었다. 內容은 모두 山林의 은거 생활을 묘사하였는데, 정교한 면은 넘치지만 심후한 면은 부족하다는 평을 받는다. ≪林和靖詩集≫이 있다.

山園小梅
매화

衆芳搖落獨暄姸
占盡風情向小園
疏影橫斜水淸淺
暗香浮動月黃昏
霜禽欲下先偸眼
粉蝶如知合斷魂
幸有微吟可相狎
不須檀板共金尊

뭇 꽃들 다 진 때에 홀로 곱게 피어나
풍류 정취 차지하여 작은 동산 향하네.
성긴 자태 비치니 물은 맑고 얕은데
은은한 향 풍기니 달빛은 황혼이라.
서리 새 내려오려 먼저 힐끗 살펴보네
분색 나비 안다면 넋이 빠질 것이라.
나지막이 읊조리며 친할 수 있으니
박판과 황금 술잔 기다릴 것 없어라.

注釋

1) 山園小梅(산원소매) : 산속의 동산에 있는 작은 매화. 詩題는 '梅花'로 된 판본도 있다.

2) 衆芳(중방) : 온갖 꽃들.
暄姸(훤연) : 경치가 아름답다, 여기선 매화의 아름다움을 형용하였다.

이 구는 온갖 꽃들이 다 져버린 뒤에 매화만이 아름답게 피어있음을 말하였다.

3) 占盡(점진) 구 : 小園의 아름다운 풍경을 매화가 독점하고 있다는 뜻이다.

4) 疏影(소영) : 매화 가지를 가리킨다.

이 구는 매화 가지의 성긴 그림자가 맑고 얕은 물속에 거꾸로 비스듬히 비친 모습을 묘사하였다.

5) 暗香(암향) : 매화 향기를 가리킨다.

이 구는 매화의 그윽한 향기가 몽롱한 달빛 속에 흩어지는 것을 그렸다.

6) 霜禽(상금) : 깃털이 흰 새. 다음 구의 '粉蝶'과 함께 모두 매화의 흰 빛을 부각한다.
偸眼(투안) : 훔쳐보다.

7) 合 : 응당, 마땅히.
斷魂(단혼) : '消魂'과 같다. 넋이 빠지다.

이 구는 흰 나비가 만약 이처럼 향기로운 꽃을 본다면 넋이 빠질 정도로 매우 즐거워할 것임을 말하였다.

8) 微吟(미음) : 새로 지은 시를 나지막이 읊조리다.
狎(압) : 親狎하다, 狎昵하다, 서로 친하다.

9) 檀板金尊(단판금준) : 박달나무로 만든 拍板과 황금으로 주조한 술그릇. 박판을 두드리며 노래를 부르고 황금술잔으로 술을 마시는 것으로, 모두 세속적인 향락을 비유한다. '檀板'은 여기서는 악기를 통칭하고, '金尊'은 여기서는 宴飮을 비유한다.

說明

'梅妻鶴子'(매화를 아내로 삼고 학을 자식으로 삼다)로 불릴 만큼 매화를 사랑한 林逋의 저명한 梅花詩이다. 제3,4 두 구는 매화의 특징을 포착하여 자신의 느낌을 주입하였는데, 묘사가 매우 절묘하여 명구로 인구에 회자된다. 南宋의 詞人 姜夔(1154-1221)는 이 두 구에서 '暗香'과 '疏影'을 취하여, 매화를 노래한 자신의 自度曲 詞의 詞牌로 삼았다. 제5,6 두 구는 겨울새와 봄 나비가 다 매화를 사랑하지만, 그러나 모두 그것과 가까이하지 못하는 것을 그렸다. 끝 두 구는, 다행스럽게도 나지막하게 읊조리며 매화를 노래하는 자신과 같은 사람이 매화의 知己가 될 수 있으니, 주색을 탐닉하는 俗客들이 몰려들게 해서는 안 된다는 뜻으로 마무리 하였다.

范仲淹
(989-1052)

字는 希文이며 吳縣(지금의 江蘇省 蘇州市) 사람이다. 유년 시절 각고의 노력으로 독학하여 진사에 급제한 후 관직은 參知政事까지 올랐다. 평생 "선비는 모름지기 천하의 근심을 앞서서 근심하고, 천하의 즐거움을 뒤에 즐겨야 한다."(〈岳陽樓記〉)라는 말을 좌우명으로 삼았다. 그의 시와 詞는 모두 호방하여, 변지 풍광과 征戰의 노고를 반영하는 데 뛰어났지만, 안타깝게도 전해지는 것이 많지 않다. ≪范文正公集≫이 있다.

江上漁者
강가의 어부

江上往來人
但愛鱸魚美
君看一葉舟
出沒風波裏

강가를 오가는 많은 사람들
농어 맛 좋은 것만 사랑하는데,
그대들 보시게 조각배 한 척
풍랑 속에 위태롭게 출렁이는 걸.

注釋

1) 漁者(어자) : 고기 잡는 사람.
2) 鱸魚(노어) : 농어.
3) 一葉(일엽) : 작은 배가 큰 강에 떠 있는 모습이 나뭇잎이 물위에 떠서 바람에 흔들리는 것과 같음을 형용한다.

   이상 두 구는 저 나뭇잎처럼 작은 어선이 풍랑 속에서 출렁대며 솟구쳤다 가라앉았다 하며 위험하고 어렵게 고기를 잡는 것을 보라는 뜻이다.

說明

어민 생활의 어려움을 읊은 작품이다. 강가를 오가는 사람들은 그저 농어가 맛이 있다는 것만 알뿐, 그것이 어부가 생명을 담보로 하여 잡아온 것임은 알지 못한다. 그래서 시인은 그들에게 그 농어가 어부가 천신만고 끝에 잡아온 것임을 상기시켜 주고 있다. 범중엄은 일찍이 선비는 모름지기 "천하의 근심은 남보다 앞서서 근심하고, 천하의 즐거움은 남보다 뒤에 즐겨야 한다(先天下之憂而憂, 後天下之樂而樂)."고 하였는데, 그러한 태도가 잘 드러난 작품이다.

梅堯臣
(1002-1060)

字는 聖兪이며 宣城(지금의 安徽省에 속함) 사람이다. 宣城은 옛날에 宛陵이라고 불렀기 때문에 宛陵先生으로도 부른다. 初試에 급제하지 못하여 蔭補로 河南主簿를 지냈다. 50세인 皇祐 3년(1051)에 비로소 仁宗의 召試에 응할 기회를 얻어 賜同進士出身으로 급제하여 太常博士가 되었다. 歐陽修(1007-1072)의 추천으로 國子監直講이 되고 尙書都官員外郎까지 승진하였다. 그래서 세상에서는 그를 梅直講, 梅都官으로 부른다. ≪新唐書≫ 편수에 참여하였다. 蘇舜欽(1008-1048)과 이름을 나란히 하여 '蘇梅'로 불리었고, 구양수와 함께 시가 혁신 운동에 참여하여 성과를 거두었다. 그의 시는 다방면에서 사회생활을 반영하였으며, 풍격이 평담하고 소박하면서도 함축이 심원하여 당시 聲望이 대단하였다. 구양수는 〈梅聖兪詩集序〉에서 유명한 "(시는) 대체로 곤궁한 연후에야 정교해진다(殆窮者而後工)"는 견해를 천명한 바 있다. ≪宛陵先生集≫이 있다.

悼亡
죽은 아내를 그리며

結髮爲夫婦
於今十七年
相看猶不足
何況是長捐
我鬢已多白
此身寧久全
終當與同穴
未死淚漣漣

머리를 한 데 묶어 부부 된 지도
어언 간에 벌써 열일곱 해라.
바라보고 있어도 모자라는데
하물며 영원히 헤어졌으니.
내 머리 벌써 백발 많아졌으니
이 몸 어찌 오래도록 온전하리오.
종당에는 한 굴에 들어갈 텐데
아직 죽지 못하여 눈물만 줄줄.

注釋

1) 悼亡(도망) : 죽은 사람을 애도하는 것. 西晉 潘岳(247-300)의 〈悼亡詩〉 이후 '亡'자는 '亡妻'를 가리키게 되었다. 모두 세 수가 있는데 이것은 제1수이다.
2) 結髮(결발) : 고대에는 결혼을 하는 저녁에 남자는 왼쪽(동쪽) 여자는 오른쪽(서쪽)에서 머리를 함께 묶는 의식을 거행하였다.
3) 十七年(십칠년) : 시인은 〈懷悲〉에서 "부부가 된 지도 열여덟 해, 함께 지내며 고락을 같이했다(東西十八年, 相與同甘苦)."고 하였다.
4) 同穴(동혈) : 부부를 합장하는 것을 말한다. 穴은 墓穴. ≪詩經·王風·大車≫에 "살아서는 다른 방, 죽어서는 같은 묘혈(穀則異室, 死則同穴)."이라고 하였다. 부부가 백년해로하는 것을 '偕老同穴'이라고 한다.

說明

悼亡詩 중의 가작이다. 시인의 부인 謝氏는 謝濤(960-1034)의 딸로 이름은 綠妹이다. 仁宗 天聖 5년(1027)에 결혼하였는데, 이때 시인의 나이 26세 사씨의 나이 20세였다. 당시 시인은 매우 곤궁하여 〈懷悲〉에서 "당신이 우리 집에 시집온 후로, 가난을 지겨워한 적 아직 없었소(自爾歸我家, 未嘗厭貧窶)."라고 하였다. 慶歷 4년(1044) 시인이 배를 타고 汴京으로 돌아오는 도중 7월7일 高郵(지금의 江蘇省에 속함) 三溝에 이르렀을 때 사씨가 졸하였다. 가난하여 歸葬을 할 수 없어 潤州(지금의 강소성 鎭江市 남서쪽)에 매장하였다. 이 시는 그 해에 지은 것이다. 이듬해 七夕에 사씨 서거 1주기에 또 〈七夕有感〉을 지어 "작년 이 밤 애간장이 끊어졌는데, 세월은 처량하고 온갖 일 아니구나. 구천으로 한 번 가니 물을 곳도 없는데, 견우직녀 은하 건너 만나고 있소(去年此夕肝腸絶, 歲月悽涼百事非. 一逝九泉無處問, 又看牛女渡河歸)."라고 하였다.

歐陽修
(1007-1072)

字는 永叔이고 別號는 醉翁, 晩號는 六一居士이며 廬陵郡 吉水(지금의 江西省 吉安市) 사람이다. 관직은 翰林學士, 樞密副使, 參知政事 등을 역임하였다. 사후 시호가 文忠이어서 세상에서는 歐陽文忠公이라고 부른다. 북송 시문 혁신 운동의 주도자로 시가, 산문, 사 등 문학 각 장르의 발전에 지대한 영향을 미쳤으며, 창작 면에서도 뛰어난 성취를 이루었다. 그는 특히 고문운동을 주도하여 고문의 부흥에 절대적인 기여를 하였다. 자신이 主考官으로 있을 때에 고문으로 인재를 선발하여 王安石(1021-1086), 蘇軾(1036-1101), 曾鞏(1019-1083) 등의 인재를 발탁하고 양성하였다. 후인들은 그와 중당의 韓愈(768-824), 柳宗元(773-819), 북송의 소식, 蘇洵(1009-1066), 蘇轍(1039-1112), 왕안석, 증공을 묶어서 '唐宋古文八大家'로 부른다. 시가에 있어서는 북송 초기에 성행하던 西崑派 시인들에 반하여, 그는 현실 생활을 시가에 착실히 반영하려고 하였다. 시는 중당 한유의 웅건하고 산문화한 풍격을 계승하면서 청신하고 유려한 특징을 아울러 지니고 있다. ≪歐陽文忠公集≫이 있다.

戲答元珍
丁寶臣에게 장난삼아 답하다

春風疑不到天涯
二月山城未見花
殘雪壓枝猶有橘
凍雷驚筍欲抽芽
夜聞歸雁生鄕思
病入新年感物華
曾是洛陽花下客
野芳雖晩不須嗟

봄바람이 하늘 끝엔 아마 오지 않는지
이월인데 산성에는 꽃 아직 안 보이오.
잔설이 가지 눌러도 귤은 이미 열렸고
차가운 우레 소리 죽순 놀래 싹 틔우오.
지난밤 기러기 소리에 고향생각 일었고
병든 몸 새해 맞아 새 경물에 느끼우오.
일찍이 낙양에서 꽃 아래 객이었으니
야생화 늦게 펴도 탄식할 것 없다오.

注釋

1) **元珍(원진)** : 丁寶臣(1010-1067)의 字. 이 때 그는 峽州軍事判官(협주의 治所는 지금의 湖北省 宜昌市)으로 있었다. 구양수는 〈祭丁學士文〉에서 정보신이 생전에 참소를 당하여 영락하게 된 것을 언급한 적이 있다.
2) **天涯(천애)** : 구양수는 景祐 3년(1036) 5월 吏陵縣令(이릉은 지금의 湖北省 宜昌市)으로 좌천되어 왔는데 당시 수도에서 멀어 이렇게 표현하였다.
3) **殘雪(잔설) 구** : 귤나무 가지에 잔설은 쌓여 있어도 귤은 이미 열렸다는 뜻이다. 시인은 〈吏陵縣四喜堂記〉에서 "(이릉에는) 또 귤, 유자, 차, 죽순 등 四時의 맛이 있다."라고 하였다.
4) **凍雷(동뢰)** : 추운 날 울리는 우레. 寒雷, 즉 이른 봄의 우레를 가리킨다.

   이 구는 꽃은 안 보이지만 이른 봄 우레 소리에 맞춰 죽순은 돋아난다는 뜻이다.
5) **花下客(화하객)** : 꽃 아래 나그네. 시인은 일찍이 洛陽留守推官을 지냈고 〈洛陽牡丹記〉를 지어 낙양의 모란이 '天下第一'이라고 하였다.

   이 두 구는 일찍이 모란으로 유명한 낙양에서 모란을 실컷 즐긴 적이 있으니, 이곳에서 들꽃이 좀 늦게 핀들 탓할 것도 없다는 뜻이다.

說明

景祐 4년(1037) 작이다. 一本에는 제목이 〈花時久雨之什〉으로 되어 있는데, 친구 丁寶臣이 〈花時久雨〉시를 지어 보내자 그에 대한 답으로 지은 시이다. 꽃이 필 철인 이른 봄에 비가 많이 와서 꽃이 늦게 피는 것을 노래하면서, 폄적 생활의 心思를 담았다.

黄溪夜泊
황계에서 묵으며

楚人自古登臨恨
暫到愁腸已九回
萬樹蒼烟三峽暗
滿川明月一猿哀
非鄉況復驚殘歲
慰客偏宜把酒杯
行見江山且吟詠
不因遷謫豈能來

초인은 예로부터 등림의 한 컸는데
잠시 와도 애간장은 아홉 번 뒤틀렸다.
많은 나무 안개 어려 삼협은 어둡고
강물 가득 달빛에 원숭이 구슬프다.
고향 아닌 이곳에서 세모에 또 놀라니
나그네 위로에는 한 잔 술이 제격이라.
강산을 바라보고 읊조릴 수 있으니
귀양살이 아니라면 어찌 올 수 있었으랴.

注釋

1) 黃溪(황계) : 一本에는 제목이 〈吏陵九詠〉의 한 수로 되어 있고, 〈黃牛峽〉에서 "둥둥 시골 북소리 시내 건너서 들려온다(潭潭村鼓隔溪聞)."라고 하였는데, 黃溪는 吏陵(지금의 湖北省 宜昌市) 부근에 있는 것으로 보인다.
2) 楚人(초인) : 전국시대 초나라 宋玉(298?-222? BC)을 가리킨다. 송옥은 〈九辯〉에서 "처량하여라 마치 먼 길 떠난 듯하니, 산에 올라 물 굽어보며 떠나보내노라(憭慄兮若在遠行, 登山臨水兮送將歸)."라고 하였다.
3) 愁腸九回(수장구회) : 근심이 매우 많음을 형용한다. 司馬遷의 〈報任少卿書〉에 "창자는 하루에도 아홉 번 뒤틀렸다(腸一日而九回)."고 하였다.
4) 三峽(삼협) : 호북성 의창시 상류 四川省 奉節縣 하류 사이의 세 협곡인 瞿塘峽, 巫峽, 西陵峽.
5) 一猿哀(일원애) : 三峽 양안에는 옛날부터 원숭이가 구슬프게 울었다고 한다. 李白의 〈早發白帝城〉 참조.
6) 偏宜(편의) : 가장 알맞다.
7) 行見(행견) : 잠시 본다.
8) 遷謫(천적) : 좌천되어 遠地로 유배되다.

說明

景祐 4년(1037) 吏陵에 謫居할 적에 黃溪를 지나가면서 지었다. 전반부는 제1,2구에서 먼저 서정으로 시작하여 제3,4구에서 서경으로 갔다가, 후반부의 제5,6구에서 다시 서정으로 전환하였다. 끝 두 구에서는 귀양살이 덕에 이곳에 와서 강산의 풍경을 감상하면서 시를 지을 수 있어 행복하다고 역설적인 표현으로 마무리하였다.

蘇舜欽
(1008-1048)

字는 子美이며 銅山(지금의 四川省 中江縣) 사람인데 나중에 開封(지금의 河南省에 속함)으로 이사하였다. 소년 시절에 大志를 품었고 벼슬길에 나간 후 范仲淹(989-1052) 일파의 정치집단에 참여하였다가 면직되었다. 나중에 蘇州(지금의 浙江省에 속함)의 滄浪亭에서 은거하였다. 그는 歐陽修(1007-1072), 梅堯臣(1002-1060)과 친한 벗이면서 구양수가 이론적 근거를 제시한 시문 혁신 운동에 함께 참여하여 창작 방면에서 뛰어난 성취를 거두었다. 그는 주로 산문의 필치로 시를 지었으며 풍격이 雄健하고 豪放하다. ≪蘇學士文集≫이 있다.

望太湖
태호를 바라보며

杳杳波濤閱古今
四無邊際莫知深
潤通曉月爲淸露
氣入霜天作暝陰
笠澤鱸肥人膾玉
洞庭柑熟客分金
風煙矚目相招引
聊爲停橈一楚吟

까마득한 파도는 고금을 봐왔는데
사방은 끝이 없고 깊이도 알 수 없다.
물기는 새벽달에 닿아 맑은 이슬이 되고
기운은 서리 낀 하늘에 들어 어둠이 된다.
입택에는 농어 살져 사람들은 옥 저미고
동정산엔 감귤 익어 길손들 금 나눈다.
풍물이 눈에 드니 망향의 정 일어나서
잠시 동안 노를 멎고 楚歌를 불러본다.

注釋

1) 太湖(태호) : 江蘇省 吳縣 남서쪽에 있는 큰 호수.
2) 杳杳(묘묘) : 渺渺와 같다. 아득히 넓은 모양.
   閱(열) : 지나오다, 거치다.
3) 潤(윤) : 여기서는 물기를 가리킨다.
4) 笠澤(입택) : 즉 松江(지금의 吳淞江)으로 태호의 지류인 세 강 중 하나이다. 송강에는 농어가 유명하여, ≪太平御覽≫ 권937에는 唐 杜寶의 ≪大業拾遺錄≫을 인용하여 "농어는 살이 눈처럼 하얗고 비린내가 나지 않는데, 이른바 金虀玉膾(황금빛 다진 양념을 가미한 회)는 남동의 佳味이다."라고 하였다.
   膾玉(회옥) : 생선회를 말한다. 생선살이 백옥 같기 때문에 이렇게 말하였다. 膾는 잘게 저미다, 또 그러한 음식.
5) 洞庭(동정) : 산 이름. 태호 가운데에 있다. 동정산의 감귤 역시 유명한데, 南宋 韓世忠의 아들 韓彦直이 지은 ≪橘錄≫에서 크게 칭찬하였다.
   分金(분금) : 귤을 쪼개다. 감귤의 껍질이 황금색이어서 이렇게 표현하였다.
6) 風煙(풍연) : 風物.
   矚目(촉목) : 눈여겨보다, 살피다, 눈에 들어오다.
   招引(초인) : 불러들이다, 야기하다.
7) 橈(요) : 노. 배를 가리킨다.
   楚吟(초음) : ≪楚辭 · 招隱士≫에 "왕손은 떠나서 돌아오지 않는구나, 봄풀은 돋아나서 우거졌는데(王孫遊兮不歸, 春草生兮萋萋)."라고 하였다. 王維의 〈山居秋暝〉, 白居易의 〈賦得古原草送別〉 참조.

   이상 두 구는 눈에 들어오는 풍물이 모두 타향에서 본 것이기 때문에 망향의 정을 불러일으킨다는 뜻이다.

說明

江蘇省 無錫, 蘇州, 宜興과 浙江省 湖州에 둘러싸인 太湖를 읊었다. 제1,2구는 호수의 광활함을 묘사하였는데 평범한 느낌이 든다. 제3,4구는 광활한 호수에서 피어오르는 물 기운의 묘사로 태호다운 면이 느껴진다. 제5,6구는 태호의 유명한 산물을 읊었다. 마지막 두 구는 이러한 정경과 사물이 모두 타향의 것이어서 고향생각을 불러일으켰는데, 이곳과 관계있는 노래로 마음을 달래는 것으로 마무리하였다.

邵 雍
(1011-1077)

字는 堯夫이고 自號는 安樂先生, 伊川翁 등이며 范陽(지금의 河北省 涿州市) 사람인데, 어려서 부친을 따라 衡漳(지금의 河南省 林縣 康節村)으로 이사하였다. 仁宗 天聖 4년(1026) 16세 때 부친을 따라 共城(지금의 하남성 輝縣) 蘇門山에 卜居하였다. 仁宗 康定 원년(1040) 30세 때에 河南 지역을 두루 살펴 부모를 伊水(지금의 河南省 경내의 洛水의 지류) 상류에 매장을 하고 河南(지금의 하남성 洛陽市) 사람이 되었다. 젊어서부터 배움에 뜻을 두고 천하를 遊歷하다가 "도는 바로 여기에 있다(道在是矣)"는 깨우침을 얻고 仁宗 皇祐 원년(1049) 이후 낙양에 거처를 정하였으며, 嘉祐 7년(1062) 낙양 天宮寺 서쪽 天津橋 남쪽으로 移居하면서 그곳을 安樂窩라고 이름 지었다. 嘉祐(1056-1063) 연간에서 神宗 熙寧(1068-1077) 초에 걸쳐 두 번 천거되었으나 병을 핑계로 부임하지 않았다. 熙寧 10년(1077) 병사하였다. 哲宗 元祐(1086-1094) 연간에 康節이라는 시호를 받았다. 理學家 시론의 창시자로, 도학적 理趣와 風月의 정회를 융합하면서, 인위적 수식에 반대하고 자연스럽게 뜻이 가는대로 작시할 것을 주장하였다. ≪伊川擊壤集≫이 있다.

插花吟
꽃을 꽂고서

頭上花枝照酒巵
酒巵中有好花枝
身經兩世太平日
眼見四朝全盛時
況復筋骸粗康健
那堪時節更芳菲
酒涵花影紅光滿
爭忍花前不醉歸

머리에 꽃가지 술잔에 비춰보니
술잔 속에 아름다운 꽃가지 있네.
두 세대 태평세월 몸소 겪었고
네 임금 전성시절 직접 보았다.
하물며 근골 한창 건강한데다
어찌하랴 시절 더욱 향기로우니.
술잔에 꽃 그림자 붉은 빛 가득하니
꽃 앞에서 어찌 차마 취하지 않으리.

注釋

1) **酒巵(주치)** : 술잔.
2) **兩世(양세)** : 두 세대. 고인은 1世를 30년으로 보았다. '世'의 고자는 '丗' 또는 '卋'인데, '卅(삽 : 삼십)'과 동의자로 '三十年'(≪說文≫) '父子相代'(≪字彙≫)의 뜻이다. 시인은 熙寧 4년(1071)에 지은 〈歡喜吟〉에서 "내 나이 벌써 예순 하나라, 이미 두 세대를 산 사람이구나(行年六十一, 已爲兩世人)."라고 하였다.
3) **四朝(사조)** : 眞宗(997-1022 재위), 仁宗(1022-1063 재위), 英宗(1063-1067 재위), 神宗(1067-1085 재위)의 네 왕을 말한다.
4) **芳菲(방비)** : 여기서는 꽃이 향기롭게 피는 시절을 가리킨다.
5) **爭忍(쟁인)** : 차마 어떻게. 爭은 怎과 같다.
   不醉歸(불취귀) : 취하지 않고 돌아가다. ≪詩經·小雅·湛露≫에 "취하지 않으면 돌아가지 않는다(不醉無歸)."고 하였다.

說明

소옹의 명작이다. 시에 도학적 理趣와 風月의 정회를 융합하고, 시법과 성률에 얽매이지 않으며, 苦吟을 통한 기교의 추구에도 힘쓰지 않으면서 자연스럽게 써내는, 문인시의 취지를 잘 표현하는 이른바 '邵康節體'의 면모를 대체적으로 보여준다. 제3,4구는 當時에 대한 칭송이면서 '及時行樂'의 뜻도 담고 있다. 宋代는 眞宗에서 神宗 熙寧 연간에 이르기까지 상승 시기의 기상을 다소간 보여주었다.

王安石
(1021-1086)

字는 介甫이고 號는 半山이며 臨川(지금의 江西省에 속함) 사람이다. 20세 이전에, 부친을 따라 남북 각지를 떠돌며 사회현실을 목도하였다. 진사에 급제한 이후, 10여 년의 지방관을 맡으면서 일부 지역에서는 정치 혁신에 착수하기도 하였다. 1070년 神宗(1068-1085 재위)에 의해 재상에 임명되어 신법을 추진하였으나 보수파의 공격을 받아 사직하였다. 신법이 폐지된 지 얼마 안 되어 세상을 떴다. 그는 백성의 질고와 사회 문제를 반영한 작품을 적잖이 지었는데, 풍격이 웅건하고 수사가 세련되었으며, 산문의 구법을 시에 운용하여 나중의 송시 발전에 커다란 영향을 미쳤다. 만년에는 일부 한적시를 지었는데, 예술기교는 더욱 성숙하였지만 내용은 상대적으로 빈약해졌다. ≪王臨川集≫과 ≪臨川集拾遺≫가 있다.

梅花
매화

墻角數枝梅
凌寒獨自開
遙知不是雪
爲有暗香來

담장 모퉁이에 매화 몇 가지
추위 이겨내고 홀로 피었네.
멀리서도 알겠노라, 눈이 아님을
풍겨오는 은은한 향 있기 때문에.

注釋

1) 墻角(장각) : 담장 모퉁이.
2) 凌寒(능한) : 추위를 무릅쓰다.
2) 爲(위) : ……때문에.

說明

추위를 이기고 눈 속에서도 피어나는 백매화의 고결함을 찬미하였다. 宋 惠洪(1070-1128)은 ≪冷齋夜話≫에서 "王荊公이 일찍이 한 高士를 방문하였으나 만나지 못하고 그 집 벽에 적었다."고 하였는데, 왕안석은 그 고사의 인품을 매화에 비유하여 형상적으로 그려낸 것이다.

徑暖
길이 따스하니

徑暖草如積
山晴花更繁
縱橫一川水
高下數家村
靜憩雞鳴午
荒尋犬吠昏
歸來向人說
疑是武陵源

길이 따스하니 풀은 쌓은 듯 많고
산이 맑으니 꽃 더욱 흐드러졌다.
종횡으로 흐르는 하나의 냇물
아래위로 자리 잡은 몇 호의 마을.
닭 우는 정오에 고요히 휴식하고
개 짖는 황혼에 그윽한 곳 찾는다.
돌아와 사람에게 말을 전하네
아마도 무릉도원 아니었던가.

注釋

1) 徑暖(경난) : 제목은 '卽事'로 된 판본도 있다.
2) 山晴(산청) : '徑暖'과 互文으로 길과 산이 모두 맑고 따뜻하다는 뜻이다.
3) 靜憩(정게) : 조용히 휴식을 취하다.
   鷄(계) : '鳩'로 된 판본도 있다.
4) 荒尋(황심) : 초목이 우거진 幽深한 곳을 찾아간다. 孟郊는 〈石淙〉 제10수에서 "유심한 곳 찾는 것 실로 다하기 어렵다(荒尋諒難遍)"고 하였고, 〈立德新居〉 제5수에서는 "구불구불 유심한 곳 찾을 데 많다(委曲饒荒尋)"고 하였다.
   昏(혼) : 황혼.

   이상 두 구에서 앞 구는 한낮의 휴식을 그렸고 뒤 구는 황혼의 산책을 그렸다.
5) 向人說(향인설) : 陶淵明의 〈桃花源記〉에 무릉의 어부가 桃花源에서 돌아온 뒤 "태수에게 나아가 이와 같이 말하였다(說如此)."고 한 것을 활용하였다.
6) 武陵源(무릉원) : 무릉도원. 〈桃花源記〉에 무릉의 어부가 찾았던 桃源 마을 풍경을 묘사한 대목에 "닭과 개의 소리가 들린다(鷄犬相聞)"는 표현이 있다.

說明

왕안석의 율시는 대우가 정교한 것으로 정평이 나 있는데 이 시가 그 한 예이다. 마지막 두 구를 제외하고는 모두 대우가 매우 정교하다. 따스한 봄날 찾은 산촌의 모습을 陶淵明의 〈桃花源記〉를 활용하여 그렸다. 金性堯는 ≪宋詩三百首≫에서 "마지막 구는 밋밋하고 약하여 여운이 없는 점이 혐의쩍다. 사실 鷄鳴狗吠의 소리가 주야로 들리는 것만 있으면 충분한데, 이 한 구를 넣음으로써 여운이 사라지게 되었다."고 하였다.

半山春晩卽事
반산에서의 늦봄의 감회

春風取花去
酬我以淸陰
翳翳陂路靜
交交園屋深
牀敷每小息
杖屨亦幽尋
惟有北山鳥
經過遺好音

봄바람이 꽃 거둬 떠나가면서
나에게 맑은 그늘 갖다 주었다.
어둑어둑 언덕길 고요한데다
꾀꼴꾀꼴 동산의 집 깊기도 하다.
방석 펴고 잠깐씩 쉬기도 하고
지팡이로 조용한 곳 찾기도 한다.
오로지 북산의 새가 있어서
지날 적에 고운 노래 보내어준다.

注釋

1) 半山(반산) : 왕안석은 熙寧 9년(1079) 병으로 재상을 그만 둔 후, 金陵의 白下門 밖에 집을 지었는데, 鍾山(紫金山)에서 7리 떨어져 있으며 종산으로 가는 半道(도중)라고 하여 '半山'이라고 이름을 붙였다. 자신의 晩號 역시 半山으로 지었다. 나중에 집을 희사하여 普寧寺(半山寺)라는 절이 되었다. 지금은 이미 半山園을 복원하였다.

   卽事(즉사) : 눈앞의 풍경을 보고 일어나는 감흥을 시로 짓는 것을 말한다. 卽興이라고도 한다.

2) 春風(춘풍) 두 구 : 꽃은 졌지만 綠陰이 성하게 되었음을 말한다. '風'은 '晩'으로 된 판본도 있다.

3) 翳翳(예예) : 어둑어둑한 모양.

4) 交交(교교) : 새가 우는 소리. 뒤의 '園屋深'으로 보면 새는 淸陰 속에서 우는 것이다. ≪詩經·秦風·黃鳥≫에 "꾀꼴꾀꼴 꾀꼬리, 멧대추에 앉았네(交交黃鳥, 止于棘)."라고 한 것을 전고로 활용하였다.

5) 牀(상) : 여기서는 방석을 가리킨다.

   敷(부) : 펴다. 고인은 땅에 자리를 깔고 앉았다.

6) 杖屨(장구) : 지팡이와 신. 옛날 노인이 출행을 할 때에는 지팡이를 짚고 신을 신고 나갔기에, 杖屨로 노인의 출행을 가리키기도 한다. 이때 시인의 나이는 이미 60을 넘었다.

7) 北山(북산) : 鍾山.

8) 遺(유) : 주다, 보내다.

說明

늦봄의 고즈넉함을 그렸다. 맑은 그늘의 고요함과 새소리의 청아함만이 시인과 짝하고 있다. 高步瀛(1873-1940)은 ≪唐宋詩擧要≫에서 끝 두 구를 평하여 "감개와 분노를 담담하고 평탄함에 실었는데 사람들이 느끼지 못하는 것은 전적으로 필력의 高妙함 때문이다."라고 하였다. 이것은 당시의 왕안석의 심정에 초점을 두고 말한 것이다. 元方回(1227-1305)는 ≪瀛奎律髓≫ 권10에서 "半山의 시는 정교하고 면밀하며 원융하고 타당하여 奇險을 추구하지는 않았는데, 오직 이 '봄바람이 꽃 거둬 떠나가면서' 한 聯만은 기발함을 보였다. 나머지는 다 담담하고 고요하여 운치가 있다."고 하였다. 이것은 수사 측면에서 말한 것이다.

登寶公塔
보공탑에 올라

倦童疲馬放松門
自把長筇倚石根
江月轉空爲白晝
嶺雲分暝與黃昏
鼠搖岑寂聲隨起
鴉矯荒寒影對飜
當此不知誰客主
道人忘我我忘言

지친 동복 지친 말은 송문에 놓아두고
스스로 지팡이를 돌 뿌리에 기댄다.
강 속 달은 공중 돌아 대낮이 되었는데
고개 구름 어둠 나눠 황혼에 건네준다.
쥐 움직여 정적 깨니 소리 따라 일어나고
까마귀는 날개 들어 추운 하늘 솟구친다.
주객이 누구인지 이 광경에 잊었으니
도인은 나를 잊고 나는 말을 잊었다.

注釋

1) **寶公塔(보공탑)** : 육조 때의 명승 寶誌는 속성은 朱씨로 세칭 寶公 또는 誌公이라고 하였다. 梁 武帝 天監 13년(514)에 졸하여 建康(지금의 江蘇省 南京市) 鍾山에 묻혔는데, 양 무제가 그를 위해 산 위에 탑을 세웠다. 시인의 죽은 아들 王雱의 사당이 寶誌塔院에 있었다.
2) **童(동)** : 수행하는 사내아이 종.
3) **松門(송문)** : 소나무가 있는 塔院의 대문.
4) **筇(공)** : 지팡이. 筇竹은 지팡이를 만들기에 알맞아서 지팡이를 '筇'이라고도 한다.
5) **轉(전)** : 운행하다, 돌다.
6) **嶺雲(영운)** : 산마루 위에 떠 있는 구름.
6) **矯(교)** : 날개를 치켜들다.

   앞 구는 쥐가 바스락거리는 소리가 적막을 깰 정도로 고요함을 묘사하였고, 뒤 구는 까마귀가 황량한 하늘을 날아가는 그림자가 보일 정도로 달빛이 교교함을 그렸다.

7) **道人(도인)** : 塔院을 지키는 승려를 가리킨다.

說明

제1, 2구는 여정이 오래여서 아이종과 말이 지쳤으니 자신도 지팡이를 바위에 기대고 잠시 휴식을 취하는 것을 그렸다. 제3, 4구는 먼저 달이 대낮처럼 밝은 것을 그리고 이어서 산봉우리와 구름이 어둑어둑하여 황혼임을 안다는 것을 서술하였다. 제5,6구는 塔院의 고적하고 황량함을 묘사하였다. 마지막 구는 陶淵明(365-427) 〈飮酒〉 제5수의 마지막 두 구 "이 속에 참된 뜻 있으니, 말 하려다 이미 말을 잊었다(此中有眞意, 欲辯已忘言)."의 의미와 흡사하다.

郭祥正
(1035-1113)

字는 功甫이고 自號는 漳南浪士이며 當塗(지금의 安徽省에 속함) 사람이다. 神宗 熙寧(1068-1077) 연간에 진사에 급제하여 武岡縣(지금의 湖南省에 속함) 知縣이 되었다. 벼슬은 殿中丞 직을 마지막으로 사임하였다. 그는 李白(701-762)의 시를 꽤 좋아하였는데, 古風은 이백과 유사한 면이 있지만 거칠다는 것이 결점이다. 절구는 白描를 많이 활용하였지만 때때로 빼어난 생각이 보인다. 북송 시인 중에서 대가는 아니지만 그래도 재기가 있는 시인의 하나이다. ≪青山集≫이 있다.

西村
서촌

遠近皆僧刹
西村八九家
得魚無賣處
沽酒入蘆花

원근에는 온통 사찰뿐이고
서촌에는 그저 일고여덟 집.
고기를 잡아도 팔 곳이 없어
술 사서 갈꽃으로 들어간다네.

注釋

1) 西村(서촌) : 지명. 지금의 浙江省 杭州市 西泠(西湖風景區)이다.
2) 僧刹(승찰) : 사찰.
3) 沽酒(고주) : 술을 사다.

說明

서촌 마을 주민의 삶을 그린 작품이다. 원근에는 절밖에 없는데다 마을에도 주민은 겨우 일고여덟 집이다. 주민들의 주업은 고기잡이이다. 그런데 주변에는 사찰만 있고 주민도 몇 안 되니 잡은 물고기를 팔 곳이 없다. 그래서 술을 사들고 갈꽃이 핀 갈대밭으로 들어간 것이다. 마지막 구에는 주인공이 잡은 물고기의 행방이 암시되고 있다. 갈꽃은 계절을 보여줄 뿐만 아니라 물고기를 파는 사람의 생활과의 밀접한 관계도 은연중에 드러낸다.

張舜民
(1034?-1100)

字는 芸叟이고 自號는 浮休居士이며 邠州(지금의 陝西省 彬縣) 사람이다. 진사에 급제한 후 襄樂令(양락은 지금의 甘肅省 寧縣 湘樂鎭)이 되었다. 일찍이 郴州(지금의 湖南省 郴州市)로 귀양을 갔다가 사면되어 汴京으로 돌아왔는데, 司馬光(1019-1086)이 그가 강직하고 용감하게 간언을 하는 것 때문에 천거하여 監察御史가 되었다. 元祐黨에 연좌되어 다시 楚州(지금의 江蘇省 淮安市)로 귀양을 갔다. 나중에 다시 벼슬이 集賢殿 修撰이 되었다가 졸하였다. 그의 문집 ≪畵墁集≫은 원래 100권이었으나 지금 전해지는 것은 8권뿐인데, 그 중 시가 약 160수이다. 풍격은 밝고 유창하며 수식을 숭상하지 않아서 이야기를 하는 듯한 것도 있다. 元 方回(1227-1305)의 ≪瀛奎律髓≫ 권27에서는 장순민의 시는 "白樂天을 배웠다"고 하였다.

紈扇
비단 부채

紈扇本招風
曾將熱時用
秋來掛壁上
却被風吹動

비단 부채 본래는 바람 일으켜
일찍이 더울 때에 사용하였지.
가을 오니 벽 위에 매달려서는
오히려 바람에 흔들리누나.

注釋

1) 紈扇(환선) : 고운 비단으로 만든 둥근 부채. '合歡扇'을 말한다. 合歡扇을 읊은 班婕妤의 악부 〈怨歌行〉(≪歌錄≫에서는 '古辭'라고 하였고 ≪文選≫, ≪玉臺新詠≫, ≪樂府詩集≫은 모두 '班婕妤 작'이라고 함)은 일명 '團扇歌'라고도 하는데, 부채가 가을이 되어 쓸모가 없어지면 상자 속에 들어가게 되는 것으로 '失寵'을 비유하였다.

"제 지방 흰 깁을 새로 자르니, 서리와 눈처럼 희고 깨끗다. 잘라서 합환선을 만들었더니, 둥글고 둥근 모습 보름달이라. 그대의 품속을 들고 나면서, 흔들흔들 산들바람 일어났었지. 언제나 두려운 건 가을이 와서, 찬바람이 무더위를 뺏어가는 것. 대 상자 속 깊은 곳 버려져서는, 사랑이 중도에 끊어질까 봐(新裂齊紈素, 皎潔如霜雪. 裁爲合歡扇, 團團似明月. 出入君懷袖, 動搖微風發. 常恐秋節至, 涼風奪炎熱. 棄捐篋笥中, 恩情中道絶)."

2) 招風(초풍) : 바람을 일으키다.

說明

徽宗 崇寧(1102-1106) 연간에 元祐黨籍(구법당)으로 장안에 유폐되어 있을 적에 지은 시이다. 宋 葉夢得(1077-1148)의 ≪蒙齋筆談≫에 의하면, 휘종 때 신법파 집정자가 元祐黨人들을 축출하고자 자신의 심복 몇 명을 불러들였는데 그들이 서로 배격하여 세력이 거의 다 떨어졌고, 이윽고는 집정자 자신이 쇠락한 데다 불러들인 자들에게 공격당하였는데, 장순민은 그 일을 풍자하여 일을 이치에 따라 처리하지 않으면 자연스럽게 그런 일이 벌어지게 되는 것이라고 한 것이라고 하였다는 것이다. 이러한 정치적 배경을 고려하지 않고 시 자체만 놓고 읽어도 상당히 재치가 있는 작품이다.

蘇軾
(1036-1101)

字는 子瞻이고 別號는 東坡居士로, 眉山(지금의 四川省에 속함) 사람이다. 부친 蘇洵(1009-1066), 동생 蘇轍(1039-1112)과 함께 '三蘇'로 불리지만 그의 성취가 제일 크다. 상소문을 올려 王安石(1021-1086)의 신법을 반대하다가 배척되어, 杭州(지금의 浙江省에 속함), 密州(지금의 山東省 諸城縣), 徐州(지금의 江蘇省에 속함) 등지의 지방관을 역임하였다. 나중에 또 구당이 專權하면서 드러난 부패에 반대하였다. 만년에는 문장으로 조정을 비방한 죄명으로 강직되어 廣東의 변방과 海南島로 폄적되었다가 사면되어 북으로 돌아가던 중 常州(지금의 江蘇省에 속함)에서 세상을 떴다. 그는 10년이 넘는 폄적생활을 포함하여 생애의 대부분을 지방관으로 보냈다. 시는 상상력이 풍부하고 호방하면서도 자연스럽고 변화가 무궁하다. 격률의 속박을 받지 않고 비교적 뚜렷한 낭만주의 색채와 清麗曠達한 시풍을 지니고 있다. 현존하는 시는 3천여 수가 있다. ≪蘇東坡全集≫, ≪蘇軾詩集≫ 등이 있다.

飮湖上初晴後雨
서호에서 술 마시며 맑았다 비가 오다

水光瀲灩晴方好
山色空濛雨亦奇
欲把西湖比西子
淡粧濃抹總相宜

물빛이 반짝반짝 맑아서 좋더니
산색이 몽롱하니 비 내려도 신기하다.
서호를 서시에 견주어 보려하니
옅은 차림 짙은 화장 언제나 어울린다.

注釋

1) 湖(호) : 지금의 浙江省 杭州市의 西湖를 가리킨다.

이 제목의 시는 원래 두 수인데 이것은 제2수이다.

제1수는 "아침 해는 손님 맞아 첩첩한 언덕 곱고, 저녁 비는 사람 붙들어 취향에 들게 한다. 이 정취 기막힌데 그대는 모르리, 한 잔이면 모름지기 水仙王廟 들리라(朝曦迎客艶重岡, 晩雨留人入醉鄕. 此意自佳君不會, 一杯當屬水仙王)."이다.

2) 瀲灩(염염) : 물결이 반짝이는 모양.

方好(방호) : 바야흐로 아름답게 보인다.

3) 空濛(공몽) : 운무가 자욱한 모양.

亦奇(역기) : 역시 기묘하다.

4) 西子(서자) : 춘추 시대 월나라의 저명한 미녀인 西施. 서호를 서시로 빗댄 이 비유가 매우 적절하여 사람들에게 널리 암송된다.

說明

소식은 元祐 4년(1089) 杭州通判으로 부임하여 이듬해부터 西湖를 준설하여 그 흙으로 제방을 쌓았다. 후인들은 그것을 '蘇公堤'라고 불렀는데 지금의 '蘇堤'가 바로 그것이다. 이 시는 이 시절에 지은 것이다. 제1구는 맑은 날의 호수 모습을 묘사하였고, 제2구는 비오는 날 산 빛을 찬미하였다. 곧이어 전형적인 미녀 西施로 비유를 하여 서호의 미경을 찬미하였다. 西施가 수수한 차림새로 있을 때나 농염한 화장을 할 때를 막론하고 언제나 예쁜 것처럼, 서호도 맑은 날이나 비오는 날을 막론하고 언제나 아름답다고.

題西林壁
서림사의 벽에 적다

橫看成嶺側成峰
遠近高低各不同
不識廬山眞面目
只緣身在此山中

앞에서는 고개요 옆에서는 봉우리
원근마다 고저마다 제각각 다 다르네.
여산의 참 모습을 알 수 없으니
이 몸이 이 산 속에 있기 때문일 뿐.

注釋

1) **西林(서림)** : 西林寺. 일명 乾明寺로 지금의 江西省 廬山 위에 있다. 이 시는 절의 벽에 적은 것이다. 廬山은 李白의 〈望廬山瀑布〉 참조.
2) **遠近(원근) 구** : "遠近看山總不同(멀리 가까이서 산을 보니 모두 다르네)"으로 된 판본도 있다.
3) **緣(연)** : ……때문에.
   此山(차산) : 廬山을 가리킨다.

說明

元豐 7年(1084) 소식은 黃州(지금의 湖北省 黃岡縣)에서 汝州(지금의 河南省 臨汝縣 동쪽)로 가는 도중 九江(지금의 江西省에 속함)을 지나가게 되어 廬山에 들러 西林寺 벽에 이 시를 적었다. 여산을 묘사하면서 그가 평소 거침없이 자유자재로 구사하는 데 익숙한 칠언고시를 사용하지 않고, 여산의 기이한 자태를 스무 자 남짓한 절구 속에 담았다. 더구나 여산의 풍경을 사실적으로 묘사하지도 않고 산을 유람하며 보는 느낌만 개괄하였다. 그 산은 자태가 다양하여 아직 그 진면목을 알지 못하겠노라고. 이것은 흔히 사물을 인식하는 데 관한 철리적인 문제 제기로 해석된다. 객관적이고 전면적인 것을 떠나 주관적이고 단면적인 것만으로는 사물의 진면목을 인식할 수 없다는 것이다.

龜山
귀산

我生飄蕩去何求
再過龜山歲五周
身行萬里半天下
僧臥一庵初白頭
地隔中原勞北望
潮連滄海欲東遊
元嘉舊事無人記
故壘摧頹今在不

한 평생 떠돌면서 무엇을 구했던가
귀산을 다시 오니 세월 어언 다섯 해.
만 리 떠돈 이 몸은 천하 절반 돌았고
암자 누운 스님도 어느 새에 백발이라.
땅은 중원에서 멀어 북쪽 보기 힘든데
물결 창해에 이어지니 동으로 가려한다.
원가의 옛일은 기록한 이 없는데
옛 보루 무너져 지금 남아 있는지?

注釋

1) 龜山(귀산) : 安徽省 盱眙縣에 있는 산.
2) 飄蕩(표탕) : 정처 없이 떠돌다.
3) 歲五周(세오주) : 세월이 5주년이 되다. 王文誥의 주(≪蘇文忠公詩編注集成≫)에 의하면, 소식은 英宗 治平 3년(1066) 가을 부친 蘇洵의 장례 때문에 이곳을 지나갔고, 5년 후인 神宗 熙寧 4년(1071) 9월에 다시 이곳을 지나면서 이 시를 지었다.
4) 庵(암) : 암자.
初白頭(초백두) : 5년 전 보았던 스님은 지금은 막 백발이 되어 있다는 뜻이다.
5) 滄海(창해) : 넓고 큰 바다. 蒼海와 같다.
6) 元嘉(원가) 구 : 蘇軾은 "宋 文帝는 將帥를 파견하여 魏 太武帝에 저항하려고 이 산에 성을 쌓았다(宋文帝遣將拒魏太武, 築城此山)."라고 自註하였다. ≪宋書·臧質傳≫에 의하면, 文帝 元嘉 27년(450) 北魏 太武帝가 대군을 이끌고 彭城(지금의 江蘇省 徐州市)을 공격해오자, 臧質은 문제의 명을 받들어 북방으로 가서 귀산에 축성을 하여 북위의 공격에 저항하였다. 이 구는 이 일을 읊은 것이다.
7) 摧頹(최퇴) : 무너지다.
不(부) : 否와 같다.

說明

원가의 옛일은 이 시를 지은 때(1071)로부터 6백여 년 전의 일이니, 옛 보루가 남아있을 리가 없다. 그렇지만 일부러 "옛 보루 무너져 지금 남아 있는지?"라는 물음을 제기한 것이다. 劉禹錫(772-842)이 〈西塞山懷古〉에서 "인간 세상 몇 번이나 지난 일 슬퍼하랴? 산 모양은 여전히 차가운 물 베고 있네(人世幾回傷往事, 山形依舊枕寒流)."라고 한 것과 같은 취지이다.

六月二十日夜渡海
유월 스무날 밤에 바다를 건너다

參橫斗轉欲三更
苦雨終風也解晴
雲散月明誰點綴
天容海色本澄淸
空餘魯叟乘桴意
粗識軒轅奏樂聲
九死南荒吾不恨
玆游奇絶冠平生

삼수 두수 기울어 삼경이 되려하고
장맛비와 광풍도 맑은 날씨 알 테지.
구름 걷혀 달 밝은데 누가 다시 뒤덮으리?
하늘 모습 바다 빛은 본디부터 맑은 것을.
孔子가 뗏목 탄 뜻 공연히 남아있고
黃帝의 연주 소리 대략은 알겠노라.
남황에서 아홉 번을 죽어도 나는 원망 않으리니
이번 여정 기묘함은 평생에 으뜸이라.

注釋

1) 参(삼)·斗(두) : 參星(西方 白虎 七宿의 마지막 별자리)과 斗星(北方 玄武 七宿의 첫 번째 별자리).

   橫(횡)·轉(전) : 별자리의 위치가 이동하는 것을 표현하였다.

2) 苦雨(고우) : 장맛비.

   終風(종풍) : 끝없이 부는 바람.

   也解晴(야해청) : 역시 사람들이 맑은 날씨를 기다리는 마음을 이해한다는 뜻이다.

3) 雲散(운산) 두 구 : ≪晉書·謝重傳≫에 謝重이 東晉 종실 會稽王 司馬道子와 대화하는 장면이 나온다. "그 때 달밤이 밝고 맑아서 사마도자가 아름답다고 감탄을 하였다. 사중이 경솔하게 말하였다. '옅은 구름이 살짝 끼어있는 것(微雲點綴)보다는 못하다는 생각이 듭니다.' 사마도자는 사중을 놀리며 말하였다. '경은 심지가 깨끗하지 못하여 또 억지로 하늘(太淸)을 더럽히려고 하는 것 아닌가?'"(≪世說新語·言語≫에도 같은 내용이 실려 있다.) 蘇軾은 ≪東坡志林≫ 권8에서 이 일을 다루어 "푸른 하늘에 흰 달은 본디 인간의 상쾌한 일의 하나거늘, 어떤 사람이 옅은 구름이 살짝 끼어있는 것이 더 좋다고 하였으니, 심지가 깨끗하지 못한 자는 언제나 하늘을 더럽히려고 하는 것을 알 수 있다."고 하였다.

   이 두 구의 의미는, 자신의 심지가 본디 밝고 깨끗하면 아무도 뜬구름으로 밝은 달을 가리는 것과 같은 행위를 못한다는 것이다.

4) 魯叟(노수) : 孔子를 가리킨다.

   桴(부) : 뗏목. ≪論語·公冶長≫에서 공자는 "도가 행해지지 않으면 뗏목을 타고 바다로 떠갈 것이다."라고 하였다.

5) 軒轅(헌원) : 黃帝. ≪莊子·天運≫에 黃帝가 〈咸池〉의 음악을 洞庭의 들판에서 연주한 것을 들었던 北門成이, 처음에는 두려워졌고 나중에는 미혹되었다고 하자, 황제가 道로 설명해주는 대목이 있다. 이 구의 뜻은 자신이 南渡한 이후에 황제가 〈함지〉악을 연주한 것을 들은 것처럼 玄妙한 도를 대략적으로 알게 된 것 같다는 것이다.

6) 九死(구사) 구 : 屈原의 〈離騷〉에 "또한 내 마음이 옳다고 여기는 바이니, 비록 아홉 번을 죽는다 해도 후회하지 않을 것이다(亦余心之所善兮, 雖九死其猶未悔)."라고 한 의미를 활용하였다.
7) 冠平生(관평생) : 평생에 으뜸이다.

說明

新·舊法黨의 당쟁의 와중에서 哲宗 紹聖 원년(1094)에 惠陽(지금의 廣東省 惠州市)으로 폄적된 소식은 소성 4년(1097)에 61세의 노년으로 다시 海南島 儋州(지금의 海南省 儋縣)로 유배되었다. 그곳을 제2의 고향으로 여기며 살던 소식은 徽宗 즉위(1110) 후 사면을 받았다. 64세의 시인은 밤배를 타고 해남도와 광동성 雷州半島 사이의 瓊州海峽을 건너 귀향길에 올랐다. 시인은 '구름 걷혀 달 밝은데' '澄淸한 天容과 海色'을 보면서 이 시를 지어, 자신의 心地가 본디부터 明淨함을 담아내었다.

黃庭堅
(1045-1105)

字가 魯直, 別號는 山谷道人 또는 涪翁이며 分寧(지금의 江西省 修水縣) 사람이다. 23세에 진사에 급제하여 관직에 나아갔으나 벼슬길은 순탄치 못하였다. 秦觀(1049-1100), 晁補之(1053-1110), 張耒(1054-1114)와 더불어 蘇門四學士로 불리고, 蘇軾(1036-1101)과는 '蘇黃'으로 병칭된다. 그는 "한 글자도 연원이 없으면 안 되며" "쇠붙이를 단련하여 황금을 만들고(點鐵成金)" "남의 평범한 표현을 나의 빼어난 것으로 바꿔야 한다(換骨奪胎)"는 주장을 제기하여, 자구를 단련하고 신기하고 빼어난 것을 추구하며 평범하고 범속한 것을 반대하여, 江西詩派의 형성에 영향을 미쳤다. 그러나 지나치게 문자기교에 치중하고 일부러 신기한 것을 추구하느라 생경하고 晦澁한 데로 기울어졌으며 내용이 빈약한 단점이 있다는 평을 받는다. ≪山谷集≫이 있다.

登快閣
쾌각에 올라

癡兒了卻公家事
快閣東西倚晩晴
落木千山天遠大
澄江一道月分明
朱絃已爲佳人絶
靑眼聊因美酒橫
萬里歸船弄長笛
此心吾與白鷗盟

멍청이가 공가의 일 끝내고 나서
쾌각에서 동서로 만청에 기댄다.
온산에 낙엽지고 하늘은 멀고 큰데
맑은 강 한 줄기에 달빛이 또렷하다.
붉은 현은 가인 없어 이미 끊겼고
푸른 눈은 술 때문에 가늘어졌다.
만 리 길 귀선에서 장적 불면서
이 마음을 백구에게 맹서하노라.

注釋

1) **快閣(쾌각)** : 옛터는 지금의 江西省 泰和縣 동쪽에 있다.
2) **癡兒(치아)** : 어리석은 아이, 무능한 사람. ≪晉書·傅咸傳≫에 楊濟가 傅咸에게 편지를 보내서 "천하의 大器는 순식간에 완성할 수 있는 것이 아닌데 살펴보면 매사를 다 마무리를 지으려고 한다. 자식을 어리숙하게 키우면 官事를 끊을 수 있지만, 관사는 사실 쉽게 끊을 수 있는 게 아니다. 일을 마무리하는 것을 어리숙하게 하면 또 통쾌할 따름이다."라고 하였다. 대체적인 의미는 관가의 일을 처리할 줄만 아는 것은 어리숙한 아들이지 大器가 아니라는 것이다. 시인은 그 의미를 활용하여 자신을 어리석은 사람으로 자인하면서 스스로 '解嘲'하고 있다. 시제의 '快閣' 역시 인용문의 마지막 구절의 의미와 부합한다.
3) **晩晴(만청)** : 저녁 무렵에 날이 개는 것. 또 그러한 날씨.
4) **澄江(징강)** : 맑은 강. 강서성에 있는 贛江을 가리킨다.
5) **朱絃(주현)** : 琴絃을 말한다.

   佳人(가인) : 여기서는 知音者를 가리킨다. 嵇康의 〈贈秀才入軍詩〉 제15수에 "금을 탄주하는데, 누구와 함께 탄주할까? ……가인이 아니 계시니, 오래도록 한숨 쉬지 않을 수 있으리(鳴琴在御, 誰與鼓彈? ……佳人不存, 能不永歎)."라고 하였다.
6) **靑眼(청안)** : 靑眼視. 남을 좋은 뜻으로 바라보는 눈, 또 그렇게 바라봄. 白眼, 白眼視의 반대. ≪晉書·阮籍傳≫에 의하면, 완적은 범속한 사람은 白眼으로 대하는데 嵇康이 술과 琴을 가지고 찾아오자 매우 반가워하며 靑眼으로 대했다고 한다.

   이상 두 구는 완적과 혜강의 고사를 활용하여 지기가 없어 **彈琴**은 할 수 없으니 술이나 마실 수밖에 없음을 말하였다.
7) **長笛(장적)** : 指孔이 네 개인 羌笛보다 하나 더 많은 피리.
8) **白鷗盟(백구맹)** : ≪列子·黃帝≫에 機心이 없으면 갈매기와도 벗이 될 수가 있지만, 기심을 먹는 순간 갈매기도 그것을 알아 멀리한다는 이야기가 실려 있다(杜甫의 〈客至〉 참조). 여기서는 자신이 강호로 은둔하고자 하는 마음이 있음을 나타낸 것이다.

說明

神宗 元豐 5년(1082) 吉州 泰和縣(지금의 江西省에 속함) 知縣 때에 지은 것이다. 공무를 마치고 퇴청하는 길에 贛江 가에 있는 快閣에 올라, 비갠 후의 풍광을 바라보면서 知己가 없는 곳에서 술과 갈매기를 벗 삼을 수밖에 없는 자신을 읊었다. 이 때 황정견은 38세로 이 시는 중년 시기의 대표작이다.

徐積
(1028-1103)

字는 仲車이며 山陽(지금의 江蘇省 淮安) 사람이다. 어려서 고아가 되었다. 진사에 급제하고 哲宗 元祐(1086-1094) 초에 楚州敎授(초주는 지금의 江蘇省 淮安市)가 되었는데 당시 나이가 이미 50을 넘겼다. 뒤에 和州(지금의 安徽省 和縣) 防禦推官으로 옮겼다. 졸년 76세였다. 그의 행동은 매우 근엄하였지만 古風은 때로 방자한 점이 있어서, 宋 胡仔(1110-1170)는 ≪苕溪漁隱叢話≫ 前集 권52에서 蘇軾의 말을 인용하여, 서적의 시문은 괴이하고 방자하여 玉川子(盧仝) 같다고 하였다. 그러나 근체시는 매우 반듯하다. 오언절구 〈和張文潛晩春〉 같은 것은 "물 건널 때 모름지기 옷 걷어야 하고, 숲 지날 때 손으로 헤쳐야 한다. 봄 지나고 다리 힘이 풀어졌으니, 산 오르기 늦어질까 두려워질 뿐(渡水衣須扱, 穿林手自披. 經春脚力軟, 但恐上山遲)."이라고 하였다. 노인이 물 건너고 숲 헤칠 수 있지만 산 올라갈 다리 힘이 달릴까 마음을 쓰는 것을 묘사하였는데 인지상정 속에 理趣를 담았다. ≪節孝先生文集≫이 있다.

贈黃魯直
황정견에게

不見故人彌有情
一見故人心眼明
忘却問君船住處
夜來淸夢繞西城

벗을 못 봐 그리운 정 깊었었는데
벗을 보니 마음과 눈 환해졌었소.
그대에게 배 댄 곳 묻는 것 잊어
밤새도록 꿈속에서 서성을 맴돌았소.

注釋

1) 黃魯直(황노직) : 송대의 문인 黃庭堅(1045-1105). 魯直은 그의 자이다.
2) 彌(미) : 더욱.
3) 心眼明(심안명) : 마음과 눈이 다 밝아지다. 벗을 만난 반가움에 마음도 환해지고 눈빛도 빛을 발하게 되었음을 말한다.
4) 西城(서성) : 두 사람이 만난 곳이다.

說明

오랜만에 만났다 헤어진 친구와의 우정을 그린 시이다. 오래도록 만나지 못해 그리운 정 가슴 가득 품고 있었는데, 잠간 동안의 만남에 마음도 눈도 환하게 밝아졌다. 그런데 너무 반가운 나머지 친구가 배를 정박한 곳 묻는 것을 잊어버린 채 헤어졌다. 그래서 밤새도록 꿈속에서, 처음 만났던 서성으로 나가 벗을 찾아 헤맨다. 그리움을 꿈속으로 끌고 들어간 것이 詩情을 더욱 두드러지게 한다.

陳師道

(1053-1101)

字는 履常 또는 無己이고 別號는 後山居士로 彭城(지금의 江蘇省 徐州市) 사람이다. 하급관직을 역임하면서 정치적으로 뜻을 이루지 못한 채 평생 곤궁하게 살았다. 북송의 저명한 시인으로 蘇軾(1036-1101)의 인정을 받았다. 江西詩派의 대표자로 古拙하면서도 精鍊된 풍격을 추구하였으나 왕왕 생경하고 난삽한 데로 흘렀다. 그러나 전고를 지나치게 사용하지 않을 때에는 진실한 감정을 토로하고 유창하고 자연스러운 좋은 작품도 있다. ≪後山居士文集≫이 있다.

蠅虎
깡충거미

物微取下世不數
隨力捕生得稱虎
匿形注目搖兩股
卒然一擊勢莫禦
十中失一八九取
吻間流血腹如鼓
却行奮臂吾甚武
明日淮南作端午

미물로 하등이니 알아주지 않지만
산 놈을 힘껏 잡으니 범이라고 불린다.
몸 숨기고 노려보다 양 다리를 흔들며
갑자기 일격 가해 막을 수가 없구나.
십 중에 한 번 실패 팔구는 잡아채니
입술에는 유혈낭자 배는 불룩 북이로다.
물러서서 팔 내질러 용맹함을 뽐내니
내일은 회남에서 단오 팥죽 끓이겠다.

注釋

1) 蠅虎(승호) : 승호, 깡충거미, 파리잡이거미. 다리가 짧고 굵으며 그물을 치지 않고 벽 구석에서 파리 따위를 잡아먹는다.
2) 不數(불수) : 셈에 넣지 않다, 보잘 것 없다.
3) 捕生(포생) : 살아있는 것을 잡다.
4) 卒然(졸연) : 갑자기. 卒은 猝과 같다.
5) 却行(각행) : 뒷걸음질 치다. 파리를 유인하는 동작을 말하는데 앞의 '匿形'과 비슷한 의미이다.
6) 明日(명일) 구 : 宋 任淵(1090-1164)의 ≪後山詩注≫에 "世傳되는 淮南王 劉安의 萬畢術에 따르면 5월 5일에 蠅虎를 잡아 으깨어 콩에 바르면 콩이 절로 뛰어오르며 파리를 공격할 수 있다고 한다."라고 하였다.

說明

본디 작은 벌레이지만 이름은 엄연히 '범'이다. 몸을 숨기고 다리를 흔드는 것과 뒷걸음질 치며 팔뚝을 내지르는 것이 지혜로우면서 용맹한 것 같다. 파리의 피를 배가 볼록하도록 빨아 먹지만, 하필이면 다음날이 단오라 자기 자신이 목숨을 잃을지도 모른다. 金性堯는 ≪宋詩三百首新注≫에서 "시인이 이 시를 지은 것에 어쩌면 '兎死狗烹'의 뜻이 있을 것"이라고 하였다.

登快哉亭
쾌재정에 올라

城與淸江曲
泉流亂石間
夕陽初隱地
暮靄已依山
度鳥欲何向
奔雲亦自閒
登臨興不盡
稚子故須還

성은 맑은 강과 함께 구부러지고
샘물은 어지러운 돌 새를 흐른다.
석양은 이제 막 땅에 숨는데
저녁놀은 이미 산에 기댔다.
지나는 새 어디로 향하려는지
뜬 구름도 저절로 한가롭구나.
등림의 흥취는 미진하지만
어린 아들 때문에 돌아갈밖에.

注釋

1) 快哉亭(쾌재정): 지금의 江蘇省 銅山縣 남동쪽에 있는데 속칭 拐角樓라고 한다. 본래는 晩唐 시인 薛能(817?-880?)의 陽春亭 옛터인데 宋 李邦直이 개축하였고 蘇軾(1036-1101)이 徐州知州 때에 '快哉'라는 이름을 지었다. 黃州(지금의 湖北省 黃岡市 黃州區)의 快哉亭과는 다르다.
2) 城與(성여) 구 : 강을 따라 구불구불하게 성을 쌓았다는 뜻이다.
3) 度鳥(도조) : 飛鳥와 같다.
4) 奔雲(분운) : 流雲과 같다.

   이상 두 구는 陶淵明(365-427)의 〈歸去來兮辭〉의 "구름은 무심하게 산봉우리를 나오고, 새는 날기 지치면 돌아올 줄 안다(雲無心而出岫, 鳥倦飛而知還)."의 의미를 활용하였다.

5) 登臨(등림) 두 구 : 쾌재정에 올라 풍광을 완상하는 흥취는 아직 미진하지만, 대문 밖에서 기다리고 있을 어린 아들 때문에 서둘러 돌아가야 한다는 뜻이다.

說明

哲宗 元符 원년(1098) 고향에 있을 때 지은 것이다. 고향 집에서 멀지 않은 快哉亭에 올라 한가로운 정취를 감상하며 하루를 보내어도 흥취는 아직도 미진하다. 하지만 집에서 대문 밖에 나와 아버지를 기다리고 있을 어린 아들 생각에 아쉬움을 뒤로하고 집으로 돌아가는 시인의 모습은 영락없는 '아버지'이다.

岳 飛
(1103-1142)

字는 鵬擧이며 湯陰(지금의 河南省에 속함) 사람이다. 農家 출신이고 군인이 되어 일찍이 宗澤(1060-1128)이 東京留守司로 開封을 지킬 때 統制가 되었다. 高宗 紹興 10年(1140) 太子少保에 제수되었다. 金兵을 郾城(지금의 하남성 漯河市 郾城區 일대)에서 대패시키고 朱仙鎭(지금의 하남성 開封市 남서쪽)으로 진군하여 鄭州, 洛陽 등지를 수복하였다. 당시 高宗과 재상 秦檜는 화친을 추구하여 퇴각을 명하였다. 하루에 열두 번 金字牌(긴급명령을 발하는 칙서)로 불러들이자 그는 분하여 눈물을 흘리며 "10년의 공이 하루아침에 사라지는구나."라고 탄식하였다. 이듬해 12월 秦檜에게 날조된 죄명으로 살해되었다. 寧宗(1195-1224 재위) 때 鄂王에 追封되었다. 그는 가난하지만 힘써 공부하였고 ≪左氏春秋≫와 孫子와 吳子의 兵法을 좋아하였다. 생전에 "문신이 돈을 아끼지 않고, 무신이 죽음을 두려워하지 않아야 천하가 태평해진다"는 명언을 남겼다. 시는 ≪四庫總目提要≫에 네 수가 있다고 하는데, ≪岳忠武王集≫에 수록된 것도 여덟 수밖에 없다. 경물을 묘사한 것도 있고 殺敵報國의 의지가 넘치는 것도 있다.

池州翠微亭
지주의 취미정에서

經年塵土滿征衣
特特尋芳上翠微
好水好山看不足
馬蹄催趁月明歸

일 년 내내 진토가 군복에 가득한데
절컥절컥 꽃 찾아 취미정에 오른다.
좋은 물 좋은 산 다 보지 못하고
말굽은 밝은 달빛 받으며 돌아간다.

注釋

1) 池州(지주) : 지금의 安徽省 貴池縣.

翠微亭(취미정) : 貴池의 南齊山 정상에 있다. 唐代에 건축하였는데 맑은 시내를 굽어볼 수 있다. 그래서 제3구에서 '좋은 물 좋은 산'이라고 한 것이다.

2) 經年(경년) : 일 년 내내.

征衣(정의) : 군복.

3) 特特(특특) : 말발굽 소리. 溫庭筠(812?-866?)의 〈常林歡歌〉에 "말굽 소리 절컥절컥 형문 가는 길(馬聲特特荊門道)"이라고 하였고, 梅堯臣(1002-1060)의 〈觀叟龍舟懷裴宋韓李〉 시에도 "말은 절컥절컥(馬特特)", "수레는 덜컹덜컹(車轔轔)"이라는 표현이 있다.

尋芳(심방) : 봄놀이를 하며 꽃구경을 하다.

4) 看不足(간부족) : 충분히 보지 못하다.

5) 馬蹄(마제) 구 : 말굽소리가 재촉하는 가운데 달빛을 받으며 돌아간다는 뜻이다.

說明

"삼십 년 세월을 흙먼지 속에 공명을 위해 싸웠고, 팔천 리 길을 구름과 달빛 아래 失地 회복을 위해 누비고 다닌(三十功名塵與土, 八千理路雲和月)"(岳飛의 〈滿江紅〉 詞) 시인이, 잠시 한가할 때 池州의 翠微亭에 올라가서 지은 시이다. 잠간의 여가에 자연의 山水를 즐기고자 하는 마음에 전장을 누빈 흙먼지가 가득한 군복을 입은 채 취미정을 올랐다. 그러나 시간이 촉박하여 다시 서둘러 달빛을 받으며 돌아간다. 말굽소리 속에 와서 또 말굽소리에 서둘러 돌아간다고 한 것은 시인의 戎馬生活과 잘 부합한다.

陸 游
(1125-1209)

字는 務觀이고 自號는 放翁으로 山陰(지금의 浙江省 紹興縣) 사람이다. 유년 시절 마침 金의 남침을 만나 장기간 피난생활을 하였으며 가정에서 또한 많은 애국 교육을 받아, 일찍부터 抗戰復國의 사상이 형성되었다. 진사 시험에 응시했을 때 주화파 재상 秦檜의 박해를 받았기 때문에 진회 사후에야 정치에 참여할 수 있었다. 1163년 남송의 抗金 명장 張浚을 위해 북벌책을 수립하였으나 불행히 북벌이 실패하여 관직에서 파면되었다. 1170년 四川으로 가서 四川宣撫使 王炎의 군대에 들어가 국방의 최전선에서 한 시기를 활동하였다. 나중에는 또 그의 친한 벗 四川制置使 范成大(1126-1193)의 參議官이 되었다. 그는 자신의 항전의 주장이 실현될 희망이 없음을 보고는, 항상 시를 짓고 술을 마시는 것으로 웅지를 삭였다. 사람들이 그가 방탕하다고 비웃자 스스로를 '放翁'이라고 불렀다. 1178년 臨安(지금의 浙江省 杭州市)으로 돌아왔고, 이후 또 몇몇 지방관을 맡았다. 그는 시종일관 抗金復國의 주장을 견지하였기에, 집권파의 시샘을 초래하여 마지막에는 지방관조차 잃었다. 1209년 세상을 버릴 때까지 대부분의 시간을 山陰의 고향에서 보냈다. 만년의 생활은 평탄치 않았지만 報國의 신념은 전혀 쇠퇴하지 않았다. 범성대, 楊萬里(1127-1206), 尤袤(1127-1202)와 南宋四大家로 불린다. 시는 약 9천여 수가 현존하는데 내용이 매우 풍부하다. 전대 작가의 많은 장점을 흡수하면서 創新도 할 수 있었는데, 웅혼하고 청신하여 스스로 일가를 이루었으며 후세의 시에 많은 영향을 미쳤다. ≪劍南詩稿≫, ≪渭南文集≫ 등이 있다.

劍門道中遇微雨
검문산을 지나는 도중 가랑비를 맞으며

衣上征塵雜酒痕
遠遊無處不消魂
此身合是詩人未
細雨騎驢入劍門

옷에는 먼지 가득 술자국도 섞였는데
먼 유랑 어디인들 상심하지 않으리.
이내 몸 영락없는 시인 모습 아닌가?
가랑비에 나귀 타고 검문으로 들어가니.

注釋

1) 劍門(검문) : 산 이름. 四川省 劍閣의 북쪽에 있다.
2) 消魂(소혼) : 넋이 빠지다, 상심하다.
3) 合是(합시) : 응당 ……일 것이다.
未(미) : 의미는 '否'와 같다.

이 두 구는 나귀를 타고 있는 자신의 모습이 영락없는 시인이라는 것이다. 唐의 孟浩然(689–740), 李白(701–762), 杜甫(712–770), 李賀(790?–817?), 賈島(779–843) 등의 시인들에게는 모두 나귀를 탄 일화가 전해지고 있고, 만당 鄭棨는 灞橋에 눈보라 칠 적에 나귀 위에서 시상이 떠올랐다고 하였다.

說明

乾道 8년(1172), 육유는 漢中(지금의 陝西省에 속함)에서 成都(지금의 四川省에 속함)로 가는 도중, 가랑비가 부슬부슬 내리는 가운데 나귀를 타고 劍門山을 지나가고 있었다. 도중의 풍경은 대단히 아름답지만, 시인은 나라를 위해 적을 물리치고 실지를 회복하는 데 뜻을 두고 있었기에, 나귀 등에서 시를 읊조리는 시인이 되고픈 마음은 조금도 없었다. 제3구의 '合'자는 그러한 심정을 반어적으로 잘 표현하였다. 가랑비 속에 나귀 타고 검문으로 들어가는 내 꼴은 틀림없이 영락없는 시인의 모습일 것인데, 이것은 내가 바라는 내 참모습이 아니라고. 보국의 뜻을 이루지 못하는 작자의 가슴 가득한 비분이 드러난다.

沈園
심원

城上斜陽畫角哀
沈園非復舊池臺
傷心橋下春波綠
曾是驚鴻照影來

성 위에는 석양 빛 화각은 구슬픈데
심원은 더 이상 옛 지대 아니로다.
슬프다 다리 아래 봄 물결 푸른 것이
일찍이 놀란 기러기 그림자 비추며 왔었지.

注釋

1) 沈園(심원) : 옛터는 지금의 浙江省 紹興縣 禹跡寺 남쪽에 있다. 이 제목의 시는 본래 두 수인데 여기선 제1수를 골랐다.
2) 畵角(화각) : 고대 군중에서 밤과 새벽 시간을 알리는 데 사용한 악기로, 모양은 竹筒 같은데 겉에 채색을 가하였다. 소리가 처량하고 애절하다.
3) 非復(비부) : 더 이상 아니다.
   池臺(지대) : 池苑과 樓臺.

   이 구는 沈園의 경물이 이미 변하여 종전의 모습이 아니라는 뜻이다.
4) 橋(교) : 이 다리에 후인들은 '春波橋'라는 이름을 붙였다.
5) 驚鴻(경홍) : 曹植(192-232)의 〈洛神賦〉에 "날렵하기는 놀란 기러기 같다(翩若驚鴻)"고 하여, 기러기가 놀라서 날아갈 때의 자태의 날렵함으로 미녀의 풍모를 비유하였다. 여기서는 육유가 심원에서 唐婉을 보았을 때의 인상을 형용한 것이다.

   이 두 구는, 사람을 상심하게 하는 것은 다리 아래의 푸르른 봄물인데, 그 속에 일찍이 그녀의 그 아름다운 그림자가 비쳤기 때문이라는 뜻이다.

說明

陸游와 唐婉은 본래 부부였지만 나중에 육유의 모친이 당완을 싫어하여 부득이 헤어졌다. 그 후 紹興 25년(1155) 늦봄에 그들은 심원에서 우연히 만났다. 육유는 슬픔에 젖은 나머지 〈釵頭鳳〉 詞 한 수를 지어 그의 마음을 토로하였고 당완도 〈채두봉〉 사를 답으로 지었다. 그 후 얼마 안 있어 당완은 세상을 떴다. 육유의 사는 지금 심원의 비석에 새겨져 있다. 천고에 유명한 애정 悲史이다. 이 시는 慶元 5

년(1199)에 지어졌는데 이 때 시인은 이미 75세가 되었으니, 심원의 해후로부터 40여 년의 세월이 흐른 뒤이다. 그러나 시인의 깊은 정은 다리 아래의 봄물처럼 영원히 출렁이고 있었다. 83,4세가 되어서도 그는 여전히 〈禹祠〉에서 "옛사람 퇴락하여 지금 어디 있는가, 무너진 담장 위 두어 줄 글만 슬퍼한다네(故人零落今何在, 空弔頹垣墨數行)."라고 하였고, 〈春遊〉에서는 "미인이 종당에는 흙이 된 것 믿어도, 그윽한 꿈 너무 짧은 것 어찌 견디리(也信美人終作土, 不堪幽夢太匆匆)." 같은 시구를 써서 그녀에 대한 그리움을 표현하였다. 陳衍은 ≪宋詩精華錄≫에서 "이처럼 비길 데 없이 가슴 아픈 일도 없고 이처럼 비길 데 없이 가슴 아픈 시도 없다. 백년으로 논하면 누가 이런 일이 있기를 바라겠는가? 천년으로 논하면 이 시가 없어도 안 된다."고 하였다. 제2수에서는 이렇게 노래하였다. "꿈 끊기고 향 스러진 지 어언 사십 년, 심원엔 버들 늙어 버들개지도 안 날리네. 이 내 몸 머지않아 회계산 흙 되겠지만, 그래도 남긴 자취에 눈물 줄줄 흐르네(夢斷香消四十年, 沈園柳老不吹綿. 此身行作稽山土, 猶弔遺蹤一泫然)."

示兒
아들들에게

死去元知萬事空
但悲不見九州同
王師北定中原日
家祭無忘告乃翁

죽으면 만사가 부질없음 알지만
구주가 하나 됨을 못 보는 게 슬플 뿐.
우리 군대 북으로 중원을 평정하면
이 아비에 제사로 잊지 말고 알려다오.

注釋

1) 示兒(시아) : 陸游에게는 아들이 여섯 있었다. 그가 세상을 뜰 때 장남 子虡는 나이가 63세였다.
2) 元知(원지) : 본래부터 안다.
3) 九州同(구주동) : 전국이 통일되는 것을 가리킨다. 고대에 중국은 구주로 나뉘었었다.
4) 王師(왕사) 구 : 諸葛亮의 〈出師表〉에 "북으로 중원을 평정한다(北征中原)"라는 말이 있다.
5) 家祭(가제) : 집안에서 조상에게 지내는 私祭.
   乃翁(내옹) : 너의 아비.

說明

嘉定 2년(1210) 제야에, 작자는 85세의 고령으로 고향에서 세상을 떴다. 그 전에 그는 〈夜坐〉시에서 "관 뚜껑 덮이면 만사가 끝나지만, 나라의 은혜만 빚지고 있네(蓋棺萬事已, 唯負國恩私)."라는 말을 했었다. 시인은 눈을 감으면 만사가 다 헛것이라는 것은 알지만, 유일한 여한은 구주의 수복을 보지 못하는 것이었기에, 마지막 두 구절을 써서 아들에게 부탁하였다. 마치 宗澤이 죽음에 임하여 세 번 '渡河(강을 건너 금을 공격함을 의미)'를 외친 것처럼. 남송이 망한 후 林景熙(1242-1310)는 〈題陸放翁詩卷後〉에서 "청산은 머리카락 같고 근심은 자욱한데, 창과 방패 남동쪽 하늘에 이미 가득하여라. 후손은 구주가 하나된 것 이미 보았지만, 그 아비에게 어떻게 제사로 고할까(青山一髮愁濛濛, 干戈已滿天南東. 來孫却見九州同, 家祭如何告乃翁?)"라고 하였다. 임경희의 시에서 '구주가 하나된 것'은 元이 중국을 통일한 것을 가리키는 것으로 육유 생전에는 생각조차 못한 일이니, 그의 후손도 家祭에서 고하기는 더욱 어려운 일이 되었다는 말이다.

遊山西村
산서촌을 유람하고

莫笑農家臘酒渾
豐年留客足雞豚
山重水複疑無路
柳暗花明又一村
簫鼓追隨春社近
衣冠簡朴古風存
從今若許閑乘月
拄杖無時夜叩門

농가의 납주가 텁텁하다 웃지 마오,
풍년이라 손님 접대 닭 돼지 풍족하오.
산 첩첩 물 겹겹 길 없는가 여겼더니
버들 짙고 꽃 환한 데 또 한 마을 나타나오.
퉁소 북 뒤따르니 춘사가 가깝고
의관이 간소하니 고풍이 남아 있소.
앞으로도 한가로이 달빛 받고 와도 되면
지팡이 짚고 무시로 밤에 대문 두드리리.

注釋

1) 山西村(산서촌) : 지금의 浙江省 紹興縣 鑑湖 부근의 한 촌락.
2) 臘酒(납주) : 섣달에 빚은 술.
3) 足雞豚(족계돈) : '雞豚足'의 도치. 안주가 풍부하다.
4) 簫鼓(소고) : 퉁소와 피리 등의 취주악기와 북을 비롯한 타악기, 취타악기.
   春社(춘사) : 고대에는 입춘 이후 다섯째 戊日이 春社日이었는데, 민간에서는 이날 土地神에게 제사를 지냈다.

   이 구는 농촌의 취타대가 악기를 흥겹게 연주하며 지나가는 것을 보고 春社 날이 다가왔음을 알 수 있다는 것을 말한다.
5) 閑乘月(한승월) : 한가할 때 달 밝은 밤을 틈타 찾아오다.
6) 無時(무시) : 수시로.
   叩(고) : 두드리다.

   이 두 구는 이후에 한가할 때 달빛을 받으며 방문하는 것을 허락한다면, 지팡이를 짚고 수시로 이 마을을 찾아와 집집마다 대문을 두드리겠다는 뜻을 밝힌 것이다.

說明

1167년 고향에 한거할 때 지은 시이다. 앞 여섯 구는 버들이 짙게 우거지고 꽃이 흐드러지게 핀 이 마을의 풍광, 떠들썩한 명절 모습과 함께 정성을 다해 손님을 대접하는 농촌의 순박하고 진지한 인심과 정감을 묘사하였다. 마지막 두 구에는 농촌생활을 동경하는 시인의 마음이 드러나 있다.

書憤
울분을 적다

早歲那知世事艱
中原北望氣如山
樓船夜雪瓜洲渡
鐵馬秋風大散關
塞上長城空自許
鏡中衰鬢已先斑
出師一表眞名世
千載誰堪伯仲間

젊을 적엔 어찌 알았으랴, 세상사 간난을
북녘 중원 바라보며 기세는 산 같았지.
누선으로 밤눈 속에 과주로 건너갔고
철마로 추풍 속에 대산관을 달려갔지.
변방의 만리장성 부질없이 자부했지
거울 속 성긴 머리 벌써 먼저 세었네.
〈출사표〉 그 문장은 참으로 유명한데
천년 이래 어느 누가 그와 함께 견주랴.

注釋

1) 早歲(조세) 두 구 : 젊을 적에는 시국의 어려움을 알지 못하고 그저 중원 수복만 생각하여도 기개가 산처럼 용솟음쳤다는 뜻이다.

2) 樓船(누선) : 전함.

   瓜洲(과주) : 鎭 이름. 지금의 江蘇省 揚州市 邗江區 남쪽 양자강 기슭에서 鎭江과 비스듬히 마주보고 있다. 張祜의 〈題金陵渡〉 참조.

   高宗 紹興 31년(1161) 11월 金나라가 남침하자 남송 장수 劉錡, 虞允文 등이 瓜洲, 采石 일대에서 저항하였다. 나중에 金主 完顏亮은 부하에게 살해되고 金軍은 퇴각하였다. 시인은 〈過采石有感〉에서 "만 척 누선 처음 보고 마음 통쾌해지네(快心初見萬樓船)"라고 하였다.

3) 鐵馬(철마) : 철갑을 두른 전마. 정예한 기병.

   大散關(대산관) : 지금의 陝西省 寶鷄市 남서쪽에 있다. 당시 남송과 금은 서쪽으로는 대산관을 국경으로 하고 있었다.

   孝宗 乾道 8년(1172) 시인은 南鄭(지금의 陝西省 漢中市)에서 四川宣撫使 王炎의 군막에 들어가 함께 長安으로 진격할 계획을 세우고 渭水의 도강을 감행하여 대산관에서 금군과 전쟁을 치렀다. 시인은 1년 전에 지은 〈獨酌有懷南鄭〉에서도 "붓 던진 서생은 고래로 있었지만, 종군하는 즐거운 일 세간에는 없다네(投筆書生古來有, 從軍樂事世間無)"라고 하여, 종군생활을 찬미하였다.

4) 塞上長城(새상장성) : 劉宋의 명장 檀道濟(?-436)는 文帝(424-453 재위)에게 살해당하면서 분연히 "이제 너의 萬里長城을 무너뜨리는구나."라고 말하였다. 여기서는 그 의미를 변용한 것으로 보인다.

說明

이 시는 孝宗 淳熙 13년(1186) 62세에 지은 것이다. 육유는 평생 중원 수복의 염원으로 살아와 죽기 전 아들들에게 중원수복이 이루어진 날 제사로 알려달라고 유언하였다. 그는 그 전에 이미 北征의 기회가 사라지자 자신이 시인으로 알려진 사실을 자조적으로 노래하기도 하였는데, 이 시 역시 그러한 울분을 적었다. 淸 方東樹(1772-1851)는 ≪昭昧詹言≫에서 "뜻은 立功에 있었지만, 능력은 있어도 때를 만나지 못한 채 홀연히 노쇠해지니 울분이 치민 것이다. 절묘한 것은 제3,4구가 敍景을 겸하여 생동감이 있는 점인데, 그렇지 않았다면 무미건조했을 것이다."라고 하였다. 참조 : 〈示兒〉, 〈劍門都中遇微雨〉

范成大
(1126-1193)

字는 致能이고 別號는 石湖居士로 吳縣(지금의 江蘇省 蘇州市) 사람이다. 1170년 금나라에 사신으로 갔다가 금나라 사람에게 목숨을 잃을 뻔한 적이 있었다. 1178년 단기간 參知政事를 맡았으나, 孝宗(1163-1189 재위)과 의견이 맞지 않아 관직을 잃었다. 만년에 고향 石湖(소주에 있음)에 은거하였다. 陸游(1125-1209), 楊萬里(1127-1206), 尤袤(1127-1202)와 '南宋四大家'로 불린다. 그의 시는 淸麗하고 精緻하며 제재가 광범하다. 전원시가 특히 유명한데 농촌의 생활상을 다방면에서 반영하였다. ≪石湖集≫이 있다.

四時田園雜興(春日)
전원에서의 사시의 감흥(봄)

土膏欲動雨頻催
萬草千花一餉開
舍後荒畦猶綠秀
鄰家鞭筍過墻來

흙은 부드러워지고 비는 자주 내려
온갖 풀과 꽃들이 순식간에 피어난다.
집 뒤곁 묵은 밭도 푸른 풀 우거지고
이웃집 죽순이 담장을 건너온다.

注釋

1) **四時田園雜興(사시전원잡흥)** : 原詩는 모두 60수이다. 〈引〉에서 "淳熙 丙午年(1186)에 묵은 병이 조금 나아 다시 石湖의 옛 은거를 찾아 야외에서 만나는 일마다 그때그때 한 수의 절구를 적었더니 연말에 60편이 되었다. 제목을 〈전원에서의 사시의 감흥(四時田園雜興)〉이라고 하였다."고 하였으니, 1186년 1년 동안에 지은 것임을 알 수 있다.

2) **土膏(토고)** : 흙이 촉촉해지다.
   動(동) : 부드러워지다.
   頻(빈) : 연거푸, 여러 차례.

   이 구는 봄비가 여러 차례 내려 토지가 부드러워지기 시작했음을 말한다.

3) **一餉(일향)** : 한 식경, 밥 한 끼 먹는 시간. 잠시 동안, 짧은 시간

4) **畦(휴)** : 전답 사이의 경계, 두둑.

   이 구는 집 뒤 황무지에도 푸른 기운이 생겨났음을 말한다.

5) **鞭筍(편순)** : 죽순.

   이 구는 이웃집 정원의 죽순이 흙담 아래로 벋어 나오는 것을 말한다.

四時田園雜興(晩春)
전원에서의 사시의 감흥(늦봄)

蝴蝶雙雙入菜花
日長無客到田家
鷄飛過籬犬吠竇
知有行商來買茶

나비는 쌍쌍이 유채꽃에 날아들고
해 길어도 시골집엔 찾는 손 하나 없다.
닭 날아 울을 넘고 개구멍에 개 짖으니
차 사러 온 행상이 있는 줄 알겠노라.

注釋

1) 田家(전가) : 농사꾼의 집.
2) 竇(두) : 담장에 난 구멍.
3) 買茶(매차) : 찻잎을 수매하다.

四時田園雜興(夏日)

전원에서의 사시의 감흥(여름)

晝出耘田夜績麻
村莊兒女各當家
童孫未解供耕織
也傍桑陰學種瓜

낮에 나가 밭 갈고 밤에는 길쌈하니
시골의 아녀자 제각각 일이 있네.
어린 손자 아직은 경작 길쌈 할 줄 몰라
뽕나무 그늘에서 오이 심기 배우네.

注釋

1) 耘田(운전) : 풀을 뽑다, 김을 매다.
   績麻(적마) : 삼을 꼬아 실을 만들다.
2) 各當家(각당가) : 가사를 각자 분담하다.
3) 未解(미해) : 아직 알지 못하다.
   供(공) : 종사하다, 참가하다.
   이상 두 구는 손자는 아직 밭 갈고 베 짜는 일은 할 줄 모르지만, 그래도 일손을 도와야 하기 때문에 뽕나무 그늘 아래서 오이 심기를 배우고 있다는 말이다.

說明

1186년 시인은 石湖에서 요양을 하면서, 향촌 생활에서 보고 듣고 느낀 점을 그때그때 절구로 적어 모두 60수가 되었다. 이 시들은 당시 농가의 풍경, 풍속, 노동, 재난과 각양각색의 생활 모습을 생동감 있고 친근감 있게 읊었다. 여기에서는 그 중 세 수를 뽑았다.

제1수(春日)는 농촌의 봄 풍경이다. 농촌에 봄이 와 해동된 후 봄비가 내려 토양이 촉촉해지고 초목이 무럭무럭 자라는 모습을 수채화처럼 그렸다. 제2수(晩春)는 늦봄 시골의 정적을 그렸다. 전편에 '靜'자는 한 자도 쓰지 않았지만 고요한 광경을 생동감 있게 그렸다. 닭이 울타리를 넘어 날아가고 개가 담장의 개구멍에서 밖을 보고 짖어대는 것을 보고서야, 사람이 찾아왔음을 알아챈다. 이러한 묘사를 통해 늦봄 농촌의 정적이 더욱 두드러진다. 제3수(夏日)는 이른 아침부터 밤까지 남녀노소를 막론하고 한가한 사람은 하나도 없이, 심지어 어린아이조차 어려서부터 오이를 심는 '노동'을 배워야 할 정도로, 농사일로 눈코 뜰 새 없이 바쁜 농촌의 여름 모습을 매우 사실적으로 그렸다.

一月十二日枕上曉作
정월 열 이튿날 잠자리에서 새벽에 짓다

竹響風成陣
窓明雪已花
柴扉吟凍犬
紙瓦啄飢鴉
宿酒欺寒力
新詩管歲華
日高猶擁被
蓐食愧鄰家

대숲이 울리더니 바람은 광풍 되고
창가가 환해지니 눈은 이미 꽃이라.
사립문엔 추위에 언 개가 짖어대고
종이 기와는 주린 까마귀가 쪼아댄다.
묵은 술기운에 한기도 못 느끼니
새로 시를 지어 세시를 읊어 본다.
해 높은 데 아직도 이불 안고 있으니
이른 아침 일 나간 이웃에 부끄럽다.

注釋

1) 吟(음) : 吠의 뜻.
2) 宿酒(숙주) : 숙취.
3) 管(관) : 관리하다.
   歲華(세화) : 歲時와 같다. 이때는 이미 仲冬이었다.
   이 구는 새로 지은 시로 세시를 노래한다는 뜻이다.
4) 蓐食(욕식) : 요에 앉은 채로 밥을 먹다. 아침 일찍 밥을 먹는 것을 말한다. ≪左傳·文公17年≫에 "사졸을 훈련하고 병장기를 관리하며, 말에게 먹이를 주고 요에서 밥을 먹고(蓐食), 몰래 출병하려 밤중에 일어난다."고 하였는데, 杜預는 '蓐食'은 요에서 이른 밥을 먹는 것이라고 하였다.
   이 구는 이웃 농민들이 일찍 일어나 새벽밥을 먹고 일을 나간 것을 생각하면 자신이 늦게 일어난 것이 부끄럽다는 것을 표현하였다.

說明

늦잠을 잔 뒤 보고 듣고 느낀 점을 읊었다. 제3,4구는 개가 추위에 떨고 까마귀가 굶주려서 보이는 반응을 통해 지난 밤 눈보라 칠 때의 매서운 혹한을 묘사하였다. 제7,8구는 자신의 늦잠을 이웃 주민들이 추위를 무릅쓰고 일찍부터 일하는 모습과 대비하였다. 시인은 어쩌면 지난 밤 눈보라에 농사일을 걱정하느라 잠을 못 이루었는지도 모른다. 孟浩然이 비바람에 꽃 지는 것을 염려하여 늦게 잠들었던 것처럼 (孟浩然 〈春曉〉 참조).

楊萬里
(1127-1206)

字는 廷秀, 別號는 誠齋이며 吉水(지금의 江西省 吉安市) 사람이다. 남송의 뛰어난 시인으로 당시 명성이 대단하여, 陸游(1125-1209), 范成大(1126-1193), 尤袤(1127-1202)와 '南宋四大家'로 불린다. 모두 2만여 수의 시를 지었으나 지금은 일부만 전해진다. 중국 역사상 시를 가장 많이 지은 작가 중 하나이다. 그의 시는 민간의 언어를 대량으로 받아들여 매우 쉽고 통속적이다. 자연 경물을 묘사한 작품은 산뜻하고 활발한 정취가 더욱 풍부하다. ≪誠齋集≫이 있다.

宿新市徐公店
신시의 서공점에서

籬落疏疏一徑深
樹頭花落未成陰
兒童急走追黃蝶
飛入菜花無處尋

울타리는 얼기설기 골목 하나 깊숙한데
나무 끝에 꽃은 지고 잎은 아직 덜 자랐다.
어린아이 급히 뛰며 노랑나비 좇는데
유채꽃에 날아드니 찾을 곳이 없구나.

注釋

1) 新市徐公店(신시서공점) : 新市는 지명으로, 지금의 浙江省 德淸縣 新市鎭이다. 徐公店은 徐氏가 연 酒店이다.
2) 籬落(이락) : 울타리.
   疏疏(소소) : 성기다, 드문드문하다.
   一徑(일경) : 오솔길 하나.
3) 陰(음) : 나뭇잎이 무성하고 빽빽해지다.
4) 急走(급주) : 빨리 달리다.

說明

농촌의 봄 풍경을 묘사한 시이다. 마을의 집들이 얼기설기 엮은 울타리로 둘러싸여 있고 그 울타리를 따라 골목은 깊게 뻗어 있다. 마을의 나무에서는 막 꽃이 떨어지고 아직 잎은 무성해지지 않았다. 늦봄 초여름의 농촌 정경이다. 채마 밭에는 유채꽃이 노랗게 만개하였다. 어린아이가 노랑나비를 잡으려고 달려가는데 나비는 노란 유채꽃 속으로 사라져버렸다. 미시적이고 섬세한 묘사를 하나의 특징으로 하는 송시의 특징이 잘 드러난다. 농촌의 평화롭고 한적한 풍경과 꾸김살 없이 순진무구한 어린아이의 모습에서 시인의 전원생활에 대한 동경을 읽을 수 있다.

憫農
가련한 농민

稻雲不雨不多黃
蕎麥空花早着霜
已分忍飢度殘歲
更堪歲裏閏添長

벼는 구름 같은데 비 안 오니 익은 것 적고
메밀은 꽃만 피어 일찍 서리 맞았다.
주림 참고 남은 해 보내야 할 것 이미 알지만
윤달 있어 길어진 이 해 더욱 어찌 견디랴.

注釋

1) 稻雲(도운) : 벼가 구름처럼 널려 있다.
 黃(황) : 곡식이 익다.
2) 空花(공화) : 공연히 꽃만 피우다.
 王禹偁(954–1001)의 〈村行〉시에 "메밀꽃 필 적에 흰 눈 향기롭다(蕎麥花開白雪香)"는 표현이 있다.
 이 구는 메밀꽃이 필 무렵 일찍 내린 서리를 맞아 열매를 맺지 못했음을 말한다.
3) 分(분) : 기꺼이 하려 하다, 만족하다.
4) 閏添長(윤첨장) : 음력으로 윤달이 있어 평년보다 한 달 더 많기 때문에 한 해의 마무리가 한 달 더 늦어진다는 뜻이다. 이 해는 隆興 2년(1164)으로 윤11월이 있었다.

說明

벼는 구름처럼 들판 가득 늘려 있지만 旱災 때문에 제대로 성장하여 익지 못하였고, 救荒食으로 쓸 수 있는 메밀은 꽃 필 무렵 일찍 내린 서리 때문에 열매를 맺지 못하였다. 그래서 영락없이 배를 주릴 수밖에 없는데 하필이면 윤달까지 들어 있으니, 한 해의 마무리는 더 늦어질 수밖에 없고 농민의 주림도 길어질 수밖에 없다. '윤달'에 착상을 하여 농민의 고통을 읊은 점이 특이하다.

揷秧歌
모내기 노래

田夫抛秧田婦接
小兒拔秧大兒揷
笠是兜鍪蓑是甲
雨從頭上濕到胛
喚渠朝餐歇半霎
低頭折腰祗不答
秧根未牢蒔未匝
照管鵝兒與雛鴨

남편이 모 던지면 아내는 받아내고
작은 아이 모를 찌면 큰 아이 모를 심네.
삿갓은 투구요 도롱이는 갑옷인데
머리에서 비 쏟아져 어깨가 축축하다.
그를 불러 아침 먹고 잠시 쉬자 하여도
고개 숙여 허리 꺾고 대답조차 하지 않네.
뿌리 아직 안 내리고 모내기도 덜 했는데
거위 새끼 오리 새끼 돌보아야 한다네.

注釋

1) 田夫(전부) 두 구 : 한 집안 네 식구의 모내기 모습을 묘사하였다.
2) 兜鍪(두무) : 투구.
   甲(갑) : 갑옷.
   이 구는 비올 때 착용하는 삿갓과 도롱이를 전쟁에 나가는 군인들이 착용하는 투구와 갑옷에 빗대어 모내기의 긴장감을 부각하였다.
3) 胛(갑) : 어깨뼈, 견갑골.
4) 渠(거) : 그. 인칭대명사.
   半霎(반삽) : 아주 짧은 시간.
5) 蒔(시) : 모종을 내다.
   匝(잡) : 두루.
6) 照管(조관) : 보살펴 관리하다.
   雛鴨(추압) : 오리 새끼.

說明

孝宗 淳熙 6년(1179) 4월, 常州(지금의 江蘇省에 속함)를 떠나 고향(지금의 江西省 吉水市)으로 돌아가는 길에 衢州(지금의 浙江省에 속함)를 지났다. 마침 큰비가 내려 그곳에서 잠시 머물게 되었는데, 그 때 본 농촌의 모내기 정경을 묘사한 것이 이 시이다. 모내기철 농촌의 모습이 생생하고 섬세하게 잘 그려져 있다.

朱 熹
(1130-1200)

字는 元晦인데 나중에 仲晦로 고쳤으며 婺源(지금의 江西省에 속함) 사람이다. 南宋 高宗 紹興(1131-1162) 연간에 진사에 급제하였다. 벼슬이 崇政殿 說書와 煥章閣 待制에 이르렀다. 만년에 建陽(지금의 福建省의 縣 이름) 考亭으로 이거하여 竹林精舍를 지었고, 또 紫陽書院에서 강의를 맡았기에, 考亭과 紫陽으로 불리기도 한다. 韓侂冑(1151-1207)가 집정할 때에 그의 학문이 '僞學'으로 간주되어 박해를 받게 되자 거주지를 長溪(지금의 江西省 婺源縣)로 옮겼다. 그는 〈答林擇之〉 시에서 "나 역시 한 평생 편협함이 결점이라, 그대께서 간곡하게 일러주길 바라오(我亦平生傷褊迫, 期君苦口却諄諄)."라고 한 것처럼 성격이 과격하였다. 그래서 급제한 지 50년이 되고 몸소 네 임금을 모셨지만, 조정에 머문 시간은 40일도 채 안 된다. 理學家 중 문학 수양이 가장 풍부한 사람으로 詩文에 대해서도 獨見이 있었다. 오언고시는 꽤 추앙받았지만 모방의 흔적이 많다. 근체시는 산뜻하고 수려하지만 깊이가 없고 가벼운 결점이 있으며, 이학의 기미를 드러내는 경우도 있는데, 그것이 그의 본 면목이기는 하지만, 그래도 진부하지는 않다는 평을 듣는다. ≪晦庵先生朱文公文集≫이 있다.

觀書有感
책을 보다 이는 생각

半畝方塘一鑑開
天光雲彩共徘徊
問渠那得淸如許
爲有源頭活水來

반 무의 네모 못이 거울처럼 열리니
하늘 빛 구름무늬 함께 얼려 배회하네.
묻노니 어찌하면 그처럼 맑은가?
원천 있어 새 물이 흘러들기 때문이네.

注釋

1) 一鑑開(일감개) : 못물이 거울을 열어놓은 것처럼 고요함을 형용한다. 고대의 거울은 거울보로 덮어두었다가 사용할 때 열었다. 그래서 '開'라는 동사를 사용하였다.
2) 徘徊(배회) : 여기서는 출렁인다는 뜻이다.

   이 구는 하늘빛과 구름 그림자가 못 물 속에 일제히 비치어 끊임없이 흔들거림을 말한다.

3) 渠(거) : 그, 그것. '方塘'을 가리킨다.

   那得(나득) : 어찌 ……할 수 있는가.

   如許(여허) : 이처럼.

4) 爲有(위유) 구 : 원천으로부터 끊임없이 흘러들어오는 活水가 있기 때문이라는 뜻이다.

說明

이학을 천명한 시이지만 독자의 심미적인 흥취를 자아내기에 충분하다. 한 폭의 수묵담채화와 같은 소품이다. 못은 거울처럼 바닥이 보일 정도로 맑다. 그래서 거기에 비치는 하늘빛과 구름무늬는 더욱 선명하게 눈에 들어온다. 고여 있는 못물이 어떻게 이처럼 맑을 수 있는가? 끊임없이 흘러들어오는 '살아있는 물(活水)'이 있기 때문이다. 이러한 경지는 사람이 공부하는 과정에서 의문점을 이해하고 인식을 높일 때와 유사하다. 시의 제목이 '책을 보다 이는 생각'이니, 아마도 어려운 책을 읽다가 의미를 깨달았을 때 지었을 것이다.

원시는 모두 두 수인데 다른 한 수는 이렇다. "어젯밤 강가에는 봄물이 불어나, 몽충의 거함이 터럭마냥 가볍네. 여태껏 미는 힘을 헛되이 써왔더니, 오늘은 강물에서 자유자재 다니네(昨夜江邊春水生, 蒙衝巨艦一毛輕. 向來枉費推移力, 此日中流自在行)."

翁 卷
(?-?)

字는 續古, 다른 字는 靈舒이고 永嘉(지금의 浙江省 溫州市) 사람이다. 1243년 전후에 살았다. 누차 진사과에 응시하였으나 급제하지 못해 벼슬을 한 적이 없다. 시를 지음에 있어 辭句 다듬기를 중시하여 형식주의 경향이 있지만, 자연스럽고 산뜻한 작품도 있다. 徐照(?-1211), 徐璣(1162-1214), 趙師秀(1170-1219)와 함께 '永嘉四靈'으로 불린다. ≪葦碧軒集≫이 있다.

鄕村四月
농촌의 사월

綠滿山原白滿川
子規聲裏雨如煙
鄕村四月閒人少
纔了蠶桑又揷田

산과 들은 온통 초록 냇물은 새하얀데
두견새 울음 속에 가랑비는 안개 같다.
농촌의 사월에는 한가한 이 적으니
누에치기 막 끝내자 또 다시 모내기라.

注釋

1) 綠滿(녹만) 구 : 우중의 풍경을 그렸다. 고원의 초목은 도처에서 파릇파릇하고, 강물은 하늘빛이 비치어 온통 하얗다.
2) 子規(자규) : 두견새.
   雨如煙(우여연) : 매실이 익을 적(장마철)에 가랑비가 안개처럼 내리다.
3) 了(요) : 끝마치다.
   揷田(삽전) : 모내기하다.

   이상 두 구는 왕유의 〈新晴野望〉의 "농사철엔 한가한 사람이 없이, 온 식구 남쪽들에서 일을 한다네(農月無閒人, 傾家事南畝)."의 의미를 활용하였다.

說明

음력 사월 초여름 농촌의 모습을 그린 시이다. 전반부는 농촌의 전형적인 초여름 풍경이고 후반부는 전형적인 초여름 일거리이다. 신록이 짙어지면서 산과 고원은 온통 초록으로 물들고, 물은 불어나 들판을 가득 채우고 뭉게구름이 떠 있는 맑은 하늘이 물에 비치면서 흰빛이 넘쳐난다. 의식주의 모든 것이 자급자족이었던 시절에 입을 거리를 만들기 위한 누에치기와 먹을거리를 마련하기 위한 모내기는 초여름의 일상이었다. 시인은 눈에 보이는 농촌 모습을 붓 가는 대로 그렸을지 모르지만, 결과적으로는 농촌의 초여름의 전형적인 모습을 포착하였다고 할 수 있다.

趙師秀
(1170?-1219)

字는 紫芝이고 號는 靈秀이며 다른 號는 天樂으로, 永嘉(지금의 浙江省 溫州市) 사람이다. 趙宋의 宗室이다. 寧宗 紹熙(1190-1194) 연간에 진사에 급제하고 江東從事를 지냈으며, 高安推官(고안은 지금의 江西省에 속함)으로 관직을 마쳤다. 죽은 해는 대략 嘉定 12년(1219)이었고 西湖 가에 묻혔다. 시는 스케일이 작고 폭이 좁지만, 경물을 감상하고 정취를 음미한 것은 또한 섬세하고 세련된 점이 있다. 徐照(?-1211), 徐璣(1162-1214), 翁卷(?-?)과 함께 '永嘉四靈'으로 불린다. ≪淸苑齋集≫이 있다.

約客
손 기다리는 밤

黃梅時節家家雨
青草池塘處處蛙
有約不來過夜半
閒敲棋子落燈花

매실이 익을 무렵 집집마다 비 내리고
푸른 풀 연못에는 곳곳마다 개구리.
약속한 손 오지 않고 한밤이 가는데
한가로이 바둑 두드리니 불똥 맺히네.

注釋

1) 黃梅時節(황매시절) : 매실이 익을 무렵. 이 시기는 초여름으로 장마가 시작되기 때문에 장마를 '梅雨'라고도 한다.
2) 閒敲棋子(한고기자) : 바둑알로 바둑판을 한가로이 두드리다.
   落登花(낙등화) : 앞 구의 '過夜半'과 서로 호응하여 밤이 깊었음을 나타낸다. '燈花'는 등잔 심지가 오래 타면 엉겨 붙어 생기는 불똥을 가리킨다. '落'은 맺힌다는 뜻이다.

說明

흥이 깨진 뒤의 일종의 보상을 그렸는데 즐거움이 결코 없지 않다. 그래서 시인은 혼자서도 한밤을 보낼 수 있었던 것이다. 약속한 손님은 밤이 이슥해도 오지 않는다. 시인은 무료한 시간을 보내기 위해 바둑판을 앞에 두고 혼자서 바둑돌로 두드리고 있다. 그 소리는 바깥의 못에서 들려오는 개구리 울음소리와 조화를 이룬다. 초여름 농촌에서 흔히 볼 수 있는 정경과 신선놀음이라는 바둑이 묘하게 어울린다. 그렇게 무료한 밤 시간을 보낸 지도 꽤 오래되어, 등잔은 심지가 타들어가 불똥이 생겼다. 마지막 구를 '불똥이 맺힌다'로 마무리 지은 것은, 원만하면서 자연스러운 느낌을 준다.

嚴 羽
(?-?)

字는 儀卿이고 다른 字는 丹丘이며 自號는 滄浪逋客으로, 邵武(지금의 福建省에 속함) 사람이다. 평생 과거에 응시하지 않았다. ≪滄浪詩話≫의 저자로서, 여운과 함축을 중시하고 특히 성당시를 좋아하였다. 그는 시는 “투철하고 영롱하여 모아 머무르게 할 수 없고”, “한가롭고 여유가 있어 촉박하지 않으며”, “차분하고 힘이 있으면서도 유창해야” 한다고 주장하였다. 그러나 자신의 시는 그러한 수준에 이르지 못하였다. 모의의 흔적이 남아 있는 것도 있고 함축적이지 않은 작품도 많다. 다만 남송 시인의 작품 중에서는 그래도 읽어볼 만한 것이 더러 있다. ≪滄浪吟≫이 있다.

閨怨
규원

欲作遼陽夢
愁多自不成
錯嫌烏臼鳥
半夜隔窗鳴

요양으로 가는 꿈을 꾸고자 해도
근심이 너무 많아 이룰 수 없네.
공연히 오구조만 잘못 탓하네
한밤중에 창 너머서 울어댄다고.

注釋

1) **遼陽(요양)** : 遼河 일대의 변경지역을 가리킨다.

2) **錯嫌(착혐)** : 잘못 탓하다.

烏臼鳥(오구조) : 여름 철새로 '黎雀', 또는 '黎鷄'라고도 한다. 날 샐 녘에 운다. 고대 악부에서 여명을 알리는 새로 자주 등장한다.

〈烏夜啼〉 : "가련하여라 오구조, 새벽 안다고 강변을 하네. 까닭도 없이 삼경에 울어, 사랑하는 임 어둠 속에 떠났네(可憐烏臼鳥, 强言知天曙. 無故三更啼, 歡子冒闇去)."

〈讀曲歌〉 : "길게 우는 닭 때려죽이고, 오구조 새총으로 쫓아버려야지. 원컨대 밤만 이어지고 날 새지 말아, 일 년에 새벽은 한 번만 왔으면(打殺長鳴鷄, 彈去烏臼鳥. 願得連冥不復曙, 一年都一曉)."

說明

唐 金昌緒(?-?)는 〈春怨〉에서 "꾀꼬리 쫓아 버려서, 가지에서 울지 못하게 해야지. 울 적에 이내 꿈 놀라 깨어서, 요서에 갈 수 없으니(打起黃鶯兒, 莫敎枝上啼. 啼時驚妾夢, 不得到遼西)."라고 하였다. 이 시는 그 의미를 반대로 활용하였다. 원래 자기가 근심이 많아서 꿈을 꾸지 못했기 때문에 꿈속에 요양에 주둔하고 있는 남편과 만날 수 없게 된 것인데, 오히려 날이 새면 응당 울어야 하는 오구조가 한밤중에 울기 시작한다고 잘못 탓한다는 것이다.

劉克莊
(1187-1269)

字는 潛夫이고 別號는 後村居士로 莆田(지금의 福建省에 속함) 사람이다. 벼슬길은 순탄치 못하였다. 시는 풍격이 雄偉하고 호방하며 비교적 현실주의적 경향을 띠고 있어서 陸游(1125-1209)와 비슷하지만, 일부 작품은 전고 사용이 지나치게 많아 생경하고 난삽하다. ≪後村集≫이 있다.

早行
새벽 길 떠나며

店嫗明燈送
前村認未眞
山頭雲似雪
陌上樹如人
漸覺高星少
纔分遠燒新
何煩看堠子
來往暗知津

여관 어멈 등불 밝혀 전송하는데
앞마을은 분간도 전혀 안 된다.
산머리엔 구름이 눈으로 뵈고
밭두렁엔 나무가 사람 같구나.
높이 뜬 별 점차로 적어지더니
멀리 밥 짓는 연기 겨우 보인다.
번거롭게 이정표 볼 것도 없다
오가느라 나루는 알고 있으니.

注釋

1) 陌(맥) : 전답 사이에 난 작은 길.

이 두 구는 제2구 '분간 안 된다'를 구체적으로 묘사한 것이다.

2) 遠燒新(원소신) : 멀리 밥 짓는 연기가 막 피어오르는 것. 날이 새기 시작하여 사물이 막 보이기 시작함을 나타낸다. '新'자는 시간이 아직 일러 집집마다 막 밥을 짓기 시작한다는 것을 나타내면서 '早'자를 부각한다.

3) 堠子(후자) : 고대에 이정을 표시하던 흙더미. 오 리마다 하나씩 쌓았다.

4) 知津(지진) : 나루를 알다. 길을 잘 안다는 뜻이다.

說明

아직 어둠이 가시지 않은 이른 새벽에 길을 떠나며 지은 시이다. 등불을 밝혀도 앞마을조차 알아볼 수 없는 어둠에서 시작하여 점차 여명이 다가오는 시간의 추이에 따라 서술하였다. 제1,2구는 머물던 곳의 풍속을 서술하면서 그 속에 인정을 담고 있다. 제3,4구는 제목의 '早'를 밝혔는데 조탁의 흔적 없이 매끄럽게 잘 묘사하였다는 평가를 받는다. 마지막 구는 자신이 오랜 세월 떠돌이 생활을 하였음을 나타낸다.

文天祥
(1236-1283)

字는 履善 또는 宋瑞이고 號는 文山으로 廬陵(지금의 江西省 吉安市) 사람이다. 理宗 寶祐 4년(1256) 20세에 장원으로 급제하여 벼슬이 右丞相兼樞密使에까지 올랐다. 남송 말의 유명한 애국지사로, 元軍이 수도 臨安(지금의 浙江省 杭州市)을 압박해오자, 그는 화친 담판을 위해 원군의 진영으로 파견되었다가 억류되었다. 나중에 溫州(지금의 절강성에 속함)로 도망쳐 나와 의병을 규합하여 저항하였다. 衛王 祥興 원년(1278)에 원군에게 붙잡혀 원의 수도 大都(지금의 北京市)로 압송되어, 투항 권유를 거부하고 1283년에 살해되었다. 抗元鬪爭期의 시는 비분강개한 우국충정을 거침없이 토로한 애국시가 주류를 이룬다. 대도에 구금되어 있을 당시 옥중에서 지은 〈正氣歌〉에 이러한 기개가 강하게 토로되어 있다. ≪文山先生全集≫이 있다.

金陵驛

금릉역

草合離宮轉夕暉
孤雲漂泊復何依
山河風景原無異
城郭人民半已非
滿地蘆花和我老
舊家燕子傍誰飛
從今別却江南路
化作啼鵑帶血歸

풀은 이궁 덮고 날은 저무는데
외딴 구름 정처 없이 또 무엇에 기댈꼬.
산하와 풍경은 본디 다름없는데
성곽과 사람은 반은 이미 아니구나.
땅을 덮은 갈꽃은 나와 함께 늙는데
옛집의 제비는 누구에게 날아가나.
이제부터 강남 길 떠나버리면
두견새가 되어서 피 토하며 울리라.

注釋

1) **金陵(금릉)** : 建康府. 지금의 江蘇省 南京市.
驛(역) : 고대에 업무 출장을 가거나 공문을 전달하는 사람들이 쉬어가던 곳.
2) **草合(초합)** : 풀이 가득 우거지다.
離宮(이궁) : 行宮. 建炎 3년(1129) 5월 高宗은 건강부에 머문 적이 있는데 이때 행궁을 지었다.
3) **孤雲(고운)** : 외따로 떠도는 구름. 시인 자신의 비유.
4) **山下(산하) 구** : ≪世說新語·言語≫에 의하면, 東晉 때 일부 南渡한 사대부들이 건강의 新亭에서 연회를 열었는데, 周顗이 한숨을 쉬면서 "풍경은 다르지 않는데 山下가 다름이 있군요."라고 하였다고 한다. 이 구는 그것을 변용하여 산하와 풍경은 변함없음을 말하였다.
5) **城郭(성곽) 구** : ≪搜神後記≫에 의하면, 漢의 丁令威가 등선한 후 학이 되어 돌아오며 공중에서 사람말로 "집 떠나 천년 만에 이제야 돌아오니, 성곽은 여전한데 사람들은 아니구나(去家千年今始歸, 城郭猶是人民非)."라고 하였다고 한다. 이 구는 그것을 변용하여 적의 침략으로 성곽은 파괴되고 백성들은 해를 당했음을 말하였다.
6) **滿地(만지) 구** : 시인이 건강으로 간 것은 6월이고 건강을 떠난 것은 8월 말이다. 마침 갈꽃이 필 철이다.
7) **舊家(구가) 구** : 劉禹錫 〈烏衣巷〉의 "왕씨 사씨 대갓집을 찾아오던 옛 제비, 이제는 평범한 백성 집을 날아든다(舊時王謝堂前燕, 飛入尋常百姓家)."를 활용하였다. 烏衣巷도 남경에 있다.
8) **化作(화작) 구** : 고대 촉의 왕 杜宇는 호를 望帝라고 하였는데 재상에게 왕위를 물려주고 산으로 들어가 두견새로 화했다고 한다. 李商隱의 〈錦瑟〉 참조.

說明

衛王 祥興 2년(1279) 시인은 元軍에 잡혀 燕京으로 압송되었는데 이 때 금릉을 지나면서 지은 시이다. 그는 여관에서 음식을 사절하였고 북행할 때에는 순국할 생각을 품고 있었는데, 마지막 두 구에서 그러한 마음을 드러내었다. 즉 몸은 죽더라도 영혼은 조국을 위하겠다는 것이다.

부록

- 근체시에 대하여
- 당시와 송시

1. 絶句의 개념과 형성 발전

聶世美

絶句는 근체 격률시의 한 형식으로 5, 7언이 모두 네 구이고 일정한 平仄과 黏對의 규칙이 있으며 일반적으로 짝수구에 평성의 압운을 한다(측성으로 압운을 하는 경우는 적다). 그래서 '律絶'이라고도 한다. 그러나 이것은 唐 이후의 絶句의 개념일 뿐이다. 그 전에도 네 구의 5, 7언시로서 절구라고 부른 것은 일찍부터 있었다. 그것은 古絶句라고 하는 것으로, 네 구가 한 수라는 현저한 특징을 제외하고는 平仄, 音韻, 黏對의 엄격한 규칙을 따지지 않았다. 시가의 분류 면에서 고절구는 실제로는 형식이 자유로운 고체시로 간주할 수 있다. 고절구는 본래 '短句'라고 불렀고, '截句', '斷句'라고도 불렀다. ≪廣韻≫에 의하면 '短'과 '斷'은 同音으로 모두 발음이 '단'(都管切)이다. 또 '斷'과 '絶'은 同義이다. ≪說文解字≫에 "絶은 斷絲(끊어진 실)이다. 斷은 截(끊다)이다."라고 하였다. ≪釋名≫에는 "絶은 截이니, 割截(절단하다)과 같다."고 하였다. '絶句'라고 이름을 붙인 의미를 이를 통하여 알 수 있다.

중국 고전 시가의 발전사를 보면 絶句라는 명칭은 六朝 시대에 최초로 출현하였다. 梁의 시인 吳均(469-520)이 古絶句라는 말을 시의 제목으로 삼은 첫 번째 시인이고, 唐의 杜甫(712-770)는 律絶을 시의 제목으로 삼은 첫 번째 시인이다. 明 胡震亨(1569-1645)은 ≪唐音癸

籤·體凡≫에서 “絶句는 六朝人이 이름 붙인 斷句이다. 五言絶句는 漢人의 짧은 시에서 시작하여 齊梁 시대에 성행하였고, 七言絶句는 齊梁 무렵에 일어나서 唐代 초기 初唐四傑 이후에 이르러 비로소 成調하였다.”고 하였다. 淸 趙翼(1727-1814)도 ≪陔餘叢考≫에서 “≪南史≫에서 斷句라고 하고 絶句라고 하였으니 宋·梁 시기에 이미 絶句라고 하였던 것이다.”라고 하였다. ≪南史·梁宗室傳≫을 찾아보면, “武帝 普通 3년(522)에 黃門侍郎(蕭正德)을 輕車將軍으로 임명하였는데, 얼마 안 있어 北魏로 달아났다. 떠날 때에 시 一絶을 지어 火籠 속에 넣었다. 바로 ‘詠竹籠’ 시인데, ‘楨幹의 곧은 나무 다 구부러졌고, 난초 사향 향기가 사라졌구나. 숯불을 품은 날을 알고 싶은가, 바로 얼음을 밟은 날이지(楨幹委曲鎭, 蘭麝氛氳銷. 欲知懷炭日, 正是履氷朝.)’라고 하였다.”고 하였다. 또 ≪南史≫의 〈張彪傳〉과 〈劉昶傳〉, ≪南齊書·武陵昭王曄傳≫등에 모두 ‘絶句’, ‘斷句’, ‘短句’에 관한 기록이 있다. 日人 兒島獻吉郎의 ≪中國文學通論≫은, 일찍이 ≪南史≫가 唐代의 李延壽(?-?)가 엮었다는 점과 明 胡應麟(1551-1602)의 ≪詩藪≫의 “漢代의 詩로 〈古絶句四首〉를 실었는데, 당시에 規格이 막 생겼는데 어떻게 이런 명칭이 있겠는가? 대체로 歌謠 부류는 편집자가 唐代의 제목을 붙인 것”이라고 한 논술에 근거하여, 六朝 시대에 이미 ‘絶句’라는 명칭이 있었다는 점을 부정하였다. 그러나 ≪玉臺新詠≫ 권10에 〈古絶句四首〉 및 吳均의 〈雜絶句四首〉를 분명히 싣고 있으며, 이 책의 편자 徐陵(507-583)은 바로 梁나라 사람이니, 이것이 바로 絶句라는 명칭이 생긴 것이 梁代보다 늦지는 않다는 확실한 증거이다.

역대로 절구의 함의 및 그 명칭의 유래에 대해서는 衆說이 분분하다. 어떤 이는 “한 편의 악부는 약간의 解로 이루어져 있는데 이제 그가사를 쪼개어 하나의 解만 취한 것이기 때문에 그것을 '絶句'라고 한다."고 하였고(孫楷第, 〈絶句是怎樣起來的〉), 어떤 이는 "句는 끊어져도 의미는 끊어지지 않기에" 이를 絶句라고 한다고 하였으며(元 楊載, ≪詩法家數≫), 어떤 이는 "絶句라는 것은 한 구가 한 절"이라고 하였고(明 楊愼 ≪丹鉛總錄≫), 어떤 이는 "두 구는 한 聯이고 네 구는 한 絶인데, 네 구인 시를 絶句라고 한다."고 하였다(淸 吳喬 ≪圍爐詩話≫). 모두 명확한 해석은 하지 못하였다. 장기간 절구는 "율시를 절반으로 자른 것(截律詩之半)"이라는 견해가 천하를 풍미하여 오늘에까지 이른다. 이 주장은 淸 錢良擇의 ≪唐音審體≫의 말에 의하면, 최초로는 宋人에서 비롯되었고, 그 후에는 明 吳訥(1372-1457)의 ≪文章辨體≫에 인용된 元 傅如礪의 ≪詩法源流≫ 같은 것도 이 주장을 답습하였다. 이 주장을 믿을 수 없는 근거는 다음과 같다. 첫째, 절구의 명칭은 上述한 것처럼 육조 시대에 이미 있었다. 둘째, 율시는 齊梁의 '永明體'에서 기원하여 梁陳 시기에 비로소 律詩와 비슷한 五言詩가 나왔고, 당대 초기에야 비로소 율시와 유사한 七言詩가 나왔다. 따라서 절구는 결코 '율시를 절반으로 자른 것'이 아님이 매우 명백하다. 吳訥과 같은 시대의 胡應麟은 이에 대해 이미 懷疑를 하였다. 그의 ≪詩藪·內編≫ 권6에 "절구의 의미는 지금까지 정설이 없다. 근체의 首尾나 중간 두 聯을 잘랐다는 것은 믿기 어려운 것 같다. 오언절구는 兩京(兩漢)에서 시작되었는데, 그 당시에는 아직 오언율시는 없었다. 칠언절구는 初唐四傑에서 시작되었는데 그 당시에는 아직 칠언율시는 없었다."고 하였다. 淸 王士禛(1634-1711)의 ≪帶經堂詩話≫ 권29에서도 "이러한 억지에 가까운 견해는 전혀 취할 것이 없다."고 하였다. 淸 董文渙(1833-1877)의 ≪聲調四譜≫는 더욱이 성률의 원리를 가지고, 절구가 율시보다 앞서는 것으로 '율시를 절반으로 자른 것'이 아닐 뿐만 아니라, 반대로 율시가 실은 절구를 배로 늘여 이루어진 것임을 논술하였다. 근대의 저명한 학자들 예컨대 日人 鈴木虎雄의 〈絶句探源〉과 靑木正兒의 ≪中國文學槪說≫, 李嘉言의 〈絶句起源於聯句說〉 및 羅根澤의 〈絶句三源〉 등은 모두 절구가 '율시를 절반으로 자른 것'이라는 설을 부정하는 근거가 된다.

그렇다면 절구는 또 어떻게 발생하고 발전한 것인가? 오언절구이든 칠언절구이든 간에 그것들은 모두 5, 7언 고시의 일종으로 5, 7언시와 모두 嫡統의 혈연관계가 있지만, 그 체재와 격률 면에서 보면 고대의 민간 가요가 그들의 공통의 역사적 근원임은 분명하다(자세한 것은 余冠英, 〈七言詩起源新論〉 참조). 그러나 '絶句'라는 명칭은, 고찰에 의하면 고대의 聯句에서 유래한 것이다. 이른바 聯句(또는 '連句')는 2인 이상이 함께 한 수의 시를 짓는 것으로 각자 한 구의 7언(혹은 5언)씩 구절마다 압운을 하면서 연속해나가서 한 편을 완성한다. 연구의 최초는 한 무제가 자신의 臣僚들과 지은 〈柏梁臺詩〉까지 거슬러 올라간다.[1] 淸 顧炎武(1613-1682)의 ≪日知錄≫ 권21은 이 시의 시간, 인명, 관명 및 史實에 근거하여 그것이 위작임을 역설하여 증명하였다. 그러나 어쨌든 兩晉六朝에 이르러 聯句 특히 오언연구가 일시에 극성하였음은 지울 수 없는 사실이다. 그것은 오언시의 기원 연대가 칠언시에 비해 그다지 크게 앞서지는 않지만, 악부에 편입되어 음악의 날개를 빌어 시단의 寶座에 높이 날아 兩漢 이래로 줄곧 문인들에게 正宗

역주 1) 顧炎武가 부정론을 제기한 이후, 이 작품이 한 무제 때에 창작되었는지에 대한 진위 논쟁은 양분되어 있다.

으로 간주된 반면, 칠언은 '委巷中歌謠(외딴 골목의 노래)'[2]가 되어 大雅之堂에 오르기 어려워 陳隋代에 이르러 비로소 지위를 얻었기 때문이다. 聯句는 최초에는 1인이 1구씩 지었지만, 晉 賈充(217-282)과 그의 아내 李夫人의 聯句[3]에 와서는 1인2구로 발전하였고, 陶淵明(365-427)과 愔之·循之의 연구[4]에 와서는 진일보하여 1인당 5언 4구씩으로 되고 아울러 이것이 定型이 되었다. 그리하여 聯句라는 명칭에 대응하여 '絶句'라는 명칭이 이 상황에 맞춰 생겨난 것이다. 예컨대 ≪南史·文學傳·檀超傳≫에는 "또 吳邁遠(?-474)이라는 자가 있어 篇章을 짓기 좋아하였는데, 宋 明帝가 듣고 불러서 만나보고는 '이 사람은 '連'과 '絶' 외에는 다른 것은 없다.'고 하였다."고 하였다. 劉宋 시기에 이미 '聯(連)' 때문에 '絶'이라는 명칭이 생긴 것을 알 수 있다. 또 ≪南史·梁簡文帝紀≫에는 "王偉를 수행하여 들어온 자가 있어서, 그 聯珠 세 수, 시 네 편, 絶句 다섯 편을 읊었는데, 글이 모두 悽愴하였다."고 하였는데, 이것은 絶句가 이때에 이미 시의 한 體가 되었음을 말한다. 단지 絶句가 聯句에서 이름을 얻은 것만 알 수 있을 뿐인가? 본래, 여러 사람이 한 수를 함께 지으면서, 한 사람이 먼저 네 구를 짓고 다른

역주 2) ≪南史·顔延之傳≫에 안연지가 湯惠休의 시가 통속적임을 비판한 표현으로 실려 있다.

역주 3) 〈與妻李夫人聯句〉: "室中是阿誰, 歎息聲正悲.(賈) 歎息亦何爲, 但恐大義虧.(李) 大義同膠漆, 匪石心不移.(賈) 人誰不慮終, 日月有合離.(李) 我心子所達, 子心我所知.(賈) 若能不食言, 與君同所宜.(李)"

역주 4) 〈聯句〉: "鳴雁乘風飛, 去去當何極. 念彼窮居上, 如何不歎息.(淵明) 雖欲騰九萬, 扶搖竟何力. 遠招王子喬, 雲駕庶可飭.(愔之) 顧侶正徘徊, 離離翔天側. 霜露豈不切, 徒愛雙飛翼.(循之) 高柯擢條幹, 遠眺同天色. 思絶慶未看, 徒使生迷惑.(淵明)"

사람이 이어서 지으면, 시편이 蟬聯(연속)되어 마침내 한 장을 이루므로 '聯句'나 '連句'로 부른다. 만약 한 사람이 네 구를 짓고 이어 짓는 사람이 없다면 이는 겨우 네 구의 시만이 絶響(끝이 남)하는 것이어서 '絶句'나 '斷句'로 불리게 된 것이다. ≪南史·宋宗室及諸王下·劉昶傳≫에는 "晉熙王 劉昶(문제의 제9자)은, ……知事가 不捷하였는데, 마침내 밤중에 문을 열고 北魏로 달아났다. 모친과 아내를 버리고 오직 첩 하나만을 데리고 갔는데, 그녀는 남자의 복장을 하고 말을 타고 뒤를 따랐다. 도중에 강개에 젖어 斷句를 지었다. '흰 구름 邊城 가득 몰리어 오고, 누런 먼지 하늘 반쯤 피어오른다. 관산은 사방으로 끊어졌으니, 고향은 아득히 몇 천 리인가(白雲滿鄣來, 黃塵半天起. 關山四面絶, 故鄕幾千里).' 그리고 첩의 손을 잡고 남쪽을 바라보면서 통곡을 하였다." 라고 하였다. 분명히 그때 그 첩이 시를 이어 지을 생각이 없었기 때문에 이 네 구의 시는 絶句가 된 것이다. 따라서 聯句와 絶句가 서로 共生하는 관건은 '이을' 수 있느냐 없느냐 하는 이 점에 있다. 이상은 5언절구의 命名 및 그 함의의 유래이다. 7언절구에 대해서는 近人 啓功의 〈絶句探源〉에서는 "5언절구를 推衍하여 이루어진 것일 뿐"으로, 그 이유는 "絶이라는 명칭이 이미 이루어진 뒤에는 五絶에서 七絶을 推得하는 것은 본시 매우 자연스럽고 또 필연적인 추세"이기 때문이라고 하였다. 今人 王運熙도 〈七言詩形成的發展和完成〉에서 "7언 4구를 絶句라고 부른 것은 唐人이 五絶에 빗대어 그 명칭을 부여한 것에 틀림없다."고 하였다.

절구는 고대 가요을 本源으로 하고 문인의 聯句에서 명칭을 얻었지만, 격률에 제한이 없어서 아직 升堂入室하지는 못하였는데, 近體律絶에 와서 크게 일변하였다. 격률에 제한이 있는 絶句는 聲調와 對

偶를 바탕으로 하는데, 이 방면의 "법률이 더욱 엄격해진 것"(董文渙, ≪聲調四譜≫ 참조)이 바야흐로 古絶에서 律絶로 전환하는 관건과 교량이 되었다. 魏晉 이래로, 불교사상의 東漸과 印度 산스크리트어의 영향은 중국 음운학의 발전을 촉진하였다. 建安(196-220) 시대에 시인들은 이미 聲韻의 交互作用을 의식·무의식적으로 탐색하고 아울러 그것을 시가 창작의 일종의 예술수단으로 삼기 시작하였다. 시구의 對偶의 부단한 涌現 외에도 5, 7언 시가(절구 포함)에 平仄을 번갈아 사용하는 것, 제2, 4자의 성조를 달리하는 것이 이미 시가 속의 대량의 律句와 律聯을 형성하여, 근체시의 격률의 발단을 열었다. 曹植(192-232), 張華(232-300), 傅玄(217-278), 陸機(261-303) 또는 陶淵明(365-427) 등의 작품을 보면, 시구의 구성 방식이나 성조의 平仄 대응 등 어느 것이나 모두 이미 점진적으로 嚴正해지는 추세였다. 남북조에 이르러 음운학의 진일보한 발전과 형식주의 문학 사조(華美한 宮體詩가 대량으로 출현한 것은 그 현저한 표지임)의 영향에 따라, 周顒과 沈約(441-513) 등은 漢字의 四聲의 규칙을 발견하였고, 시가의 압운도 과거보다 더욱 엄밀해져, 一韻到底와 換韻 불가를 요구하였는데, 이는 고체시에서 격률시로의 질적인 도약을 완성하였다. ≪南史·陸厥傳≫의 기록에 의하면, 齊 武帝 永明(483-493) 때에 "문장을 성대하게 지어 吳興의 沈約, 陳郡의 謝朓(464-499), 琅琊의 王融(476-493)이 의기투합하여 서로 추진하였고, 汝南의 周顒은 聲韻을 잘 알았다. 심약 등의 글은 모두 宮商을 사용하여, 平上去入 四聲을 가지고 이로써 성운에 제약을 가하였으며, 平頭, 上尾, 蜂腰, 鶴膝이 있었다.[5] 다섯 자가 音韻이 다

역주 5) 沈約이 제시했다고 하는 '八病' 중의 '四病'

다르고, 두 구 안에 角徵가 달라 증감할 수 없었으니 세칭 '永明體'이다."라고 하였다. 또 ≪宋書·謝靈運傳論≫에서는 "대저 五色이 서로 잘 어우러지고 八音이 유창하게 조화를 이루어, 玄黃(색채)과 律呂(음률)가 적재적소에 알맞게 적용되어 성조의 고저가 변화하고 조절되도록 하려 하였으니, 만약 앞에 浮聲(평성)이 있으면 뒤는 반드시 切響(측성)이 있어야 한다. 한 편 안에 音韻이 다 다르고 두 句 안에 輕重이 다 다르다."고 하였다. '永明體'의 詩律의 이론은 梁·陳 이후 백 년간의 실천을 거쳐 기본적으로 定型의 시율의 격식이 되었으니, 당대 근체시의 선구가 되었다. 그러나 沈約에 의해 "騷人 이래로 이 비결을 보지 못한"[6] 것으로 일컬어진 聲律 규칙은 한 聯 두 句 사이의 聲韻의 조화만 해결했을 뿐이고, 둘 또는 둘 이상의 律聯 사이의 聲韻을 어떻게 결합하는가 하는 문제는 여전히 명확하지 못하였다. 唐代에 이르러 沈佺期(656?-715?)와 宋之問(656?-712?), 杜審言(645?-708?) 등의 정리와 실천, "성조 상의 병폐를 회피하고 句와 篇을 제약하고 기준을 정한 것"[7]을 거쳐서야, 齊梁體의 기초 위에서 거칠고 잡다한 것을 정리하고 정밀한 것을 취하고 상황에 맞게 법식을 확정하여, 비로소 두 律聯 사이의 黏對의 규칙을 확립함으로써 원만하게 해결될 수 있었다. 이처럼 한 聯 안에서는 두 구의 平仄이 서로 상반되고 두 聯 사이에는 앞 연 뒤 구와 뒤 연 앞 구의 平仄이 서로 유사하여, 때로는 교차하고 때로는 평행하여, 音韻이 우미하고 가락이 뚜렷하며, 형식이 整齊하고 조화를 이루니, 여기에 이르러 최종적으로 近體의 격률시로

역주 6) ≪宋書·謝靈運傳論≫ : "自騷人以來, ……此秘未睹."

역주 7) ≪新唐書·宋之問傳≫ : "回忌聲病, 約句准篇."

발전하여 정형화하였는데, 절구도 바로 그 가운데 하나이다. 다만 후인들이 '平仄黏對'라고 하는 형식상의 유사함과 일치함의 발전의 역사를 잘 몰랐기 때문에, 마침내 絶句를 '율시를 절반으로 자른 것'으로 오인하게 된 것이다.

절구는 당대까지 발전하여 극성하였다. 體式이 다양하고 내용이 풍부하며, 形神을 겸비하고 격률이 정제하여 역대의 으뜸이 되었다. 王士禛은 ≪唐人萬首絶句選序≫에서 다음과 같이 말하였다.

> 開元(713-741), 天寶(742-756) 이래로 宮廷에 전하는 것, 梨園弟子가 읊은 것, 旗亭에서 노래한 것, 邊將이 바친 것이 모두 당시 名士가 지은 絶句이다. 따라서 王之渙(688-742)의 '黃河遠上'[8]과 王昌齡(698-757)의 '昭陽日影'[9]구는 지금까지도 아름답다고 일컬어진다. 그리고 王維(701?-761)의 '渭城朝雨'[10]는 갈수록 널리 전해지고, 好事者는 〈陽關三疊〉으로 곡보를 만들기에 이르렀다. 그 밖에 劉禹錫(772-842), 張祜(?-859?)의 여러 작품 등 더욱 헤아리기 어렵다. 이로 미루어 말하면, 唐 삼백 년 간 絶句로써 全場을 압도한 것은 당 삼백 년의 악부였음을 알 수 있다.

그 밖에 李白(701-762), 杜牧(803-852), 李賀(790?-817?), 李商隱(813?-858?) 등은 모두 七絶의 고수이다. 그 이후로 宋代에 이르러 王安石(1021-1086), 蘇軾(1036-1101), 陸游(1125-1210) 등도 마찬가지로 절구의 일류 名手이며, 다시 元·明·淸 삼대를 살펴도 아름다운 작품이 끊이지 않았

역주 8) 〈凉州詞〉 제1수 : "黃河遠上白雲間, 一片孤城萬仞山. 羌笛何須怨楊柳, 春風不度玉門關."

역주 9) 〈長信秋詞〉 제3수 : "奉帚平明金殿開, 暫將團扇共徘徊. 玉顔不及寒鴉色, 猶帶昭陽日影來."

역주 10) 〈送元二使安西〉 : "渭城朝雨浥輕塵, 客舍靑靑柳色新. 勸君更盡一杯酒, 西出陽關無故人."

다. 그 다음으로, 詩作의 사상내용과 예술수법이 부단하게 풍부해짐에 따라, 절구라는 이 형식은 다시 4구 單篇에서 組詩로 발전하여, 나누면 시가 되고 합치면 篇이 되었다. '詩家夫子', '七絶聖手'로 일컬어지는 王昌齡이 바로 이 형식을 최초로 시도한 사람이며 아울러 탁월한 성취를 이루었다.[11] 청대의 저명한 시인 龔自珍(1792-1841)의 절구 組詩 〈己亥雜詩〉는 더욱이 삼백여 수나 될 정도이다. 絶句는 중국 文化寶庫 중의 찬란한 明珠임에 부끄럽지 않다.(聶世美, 〈何謂絶句? 它是怎樣産生發展的?〉, ≪古典文學三百題≫(제1판; 上海古籍出版社, 1986.12). pp.180-184)

역주 11) 예를 들면 〈長信秋詞〉 다섯 수는 각각 다른 각도에서 宮怨을 다룬 작품으로 다섯 작품은 독립성을 유지하면서도 전체가 한 편이 된다.

2. 律詩의 발전 과정과 그 특징

鄧韶玉

律詩는 5, 7언 고시의 기초 위에서 발전한 것이다. 오언고시는 대략 東漢에서 기원하여 魏晉을 거쳐 나날이 完善해졌다. 칠언고시는 동한 張衡(78-139)의 〈四愁詩〉[12]가 格調가 독창적이고 音節이 신선하여 이미 칠언의 선구가 되었으나, 句中에 '兮'자를 끼워 넣어 칠언 체제가 아직 완비되지 못하였다. 曹丕(187-226)의 〈燕歌行〉[13]과 鮑照(414?-466)의 〈擬行路難〉[14] 등에 이르러 점차 성숙해졌다.

聲律學의 흥기는 중국 운문에 긍정적인 영향을 미쳐 시가의 발전에

역주 12) 모두 7언 7구의 4장으로 이루어져 있으며, 각 장의 제1구는 "我所思兮在○○" 형식이다. 제1장은 다음과 같다. "我所思兮在泰山, 欲往從之梁父艱. 側身東望涕霑翰. 美人贈我金錯刀, 何以報之英瓊瑤. 路遠莫致倚逍遙, 何爲懷憂心煩勞."

역주 13) 모두 두 수인데 제1수는 다음과 같다. "秋風蕭瑟天氣涼, 草木搖落露爲霜, 群燕辭歸鵠南翔. 念君客遊思斷腸, 慊慊思歸戀故鄉, 君何淹留寄他方. 賤妾煢煢守空房, 憂來思君不敢忘, 不覺淚下霑衣裳. 援琴鳴弦發淸商, 短歌微吟不能長. 明月皎皎照我牀, 星漢西流夜未央. 牽牛織女遙相望, 爾獨何辜限河梁."

역주 14) 모두 18수인데 그 중 제1,3,12수는 齊言體이고 나머지 15수는 雜言體이다. 포조의 칠언시는 모두 32수인데 제언체로는 그 밖에 〈代白紵舞歌辭〉 네 수, 〈代白紵曲〉 제2수, 〈代鳴雁行〉, 〈夜聽妓〉 제2수 등 일곱 수가 더 있다. 〈擬行路難〉 제1수는 隔句押韻을 한 최초의 칠언시이다. "奉君金巵之美酒, 瑇瑁玉匣之雕琴. 七綵芙蓉之羽帳, 九華蒲萄之錦衾. 紅顏零落歲將暮, 寒光宛轉時欲沈. 願君裁悲且減思, 聽我抵節行路吟. 不見柏梁銅雀上, 寧聞古時淸吹音."

앞길을 열었다. 南齊 永明(483-493) 때에 이르러 시인들은 시에서의 자연스러운 音調의 和諧로부터 인위적인 聲律의 제한으로 방향을 틀었다. 劉宋의 周顒은 ≪四聲切韻≫을 지었고, 齊 沈約(441-513)은 ≪四聲譜≫를 지어 시가의 성률을 연구하고 정리하여, '平上去入'이라는 四聲의 명칭을 확정하고 '四聲'과 '八病'의 설을 창안하여, 이러한 학문을 의도적으로 시가에 응용하였다. 이로부터 하나의 새로운 體式인 永明體가 생겨났다. ≪南史·陸厥傳≫에 "吳興의 沈約, 陳郡의 謝朓(464-499), 琅琊의 王融(476-493)이 의기투합하여 서로 추진하였고, 汝南의 周顒은 聲韻을 잘 알았다. 심약 등의 글은 모두 宮商을 사용하여, 平上去入의 四聲을 가지고 이로써 制韻하였으며, 平頭, 上尾, 蜂腰, 鶴膝이 있었다. 다섯 자가 音韻이 다 다르고, 두 구 안에 角徵가 달라 증감할 수 없었으니 세칭 '永明體'이다."라고 하였다. 영명체는 고체에서 근체로 발전하는 중요한 교량이다. 성률 외에도 당시에는 駢文과 對偶의 기풍이 성행하여 시가의 對仗에도 깊은 영향을 미쳤다.

永明 이후로 시인들은 대부분 新體詩의 창작에 종사하였으니, 작가가 날로 많아지고 작품도 날로 풍부해져, 이러한 형식은 점차 일종의 주요 詩體가 되었다. 예컨대 庾信(513-581)의 〈詠懷〉[15], 徐陵(507-582)의 〈關山月〉[16], 范雲(451-503)의 〈巫山高〉, 王籍의 〈入若耶溪〉[17] 등은,

---

역주 15) 모두 27수인데 제21-27수의 7수는 5언8구이다. 제26수를 예로 든다. "蕭條亭障遠, 凄慘風塵多. 關門臨白狄, 城影入黃河. 秋風別蘇武, 寒水送荊軻. 誰言氣蓋世, 晨起帳中歌."

역주 16) "關山三五月, 客子憶秦川. 思婦高樓上, 當窓應未眠. 星旗映疏勒, 雲陣上祁連. 戰氣今如此, 從軍復幾年."

역주 17) "艅艎何泛泛, 空水共悠悠. 陰霞生遠岫, 陽景逐回流. 蟬噪林逾靜, 鳥鳴山更幽. 此地動歸念, 長年悲倦遊."

音律, 對偶와 詞藻 등의 여러 면에서 이미 唐律의 형태를 초보적으로 갖추었다. 예를 들면 范雲의 〈巫山高〉는 중간 두 연의 대우가 정교하고 안온하며 형식이 정제하여 이미 상당히 성공한 五言律詩이다.

巫山高不極	무산은 끝도 없이 아득히 높아
白日隱光輝	태양도 광휘를 감추는구나.
靄靄朝雲去	뭉게뭉게 아침 구름 떠나가고
冥冥暮雨歸	어둑어둑 저녁 비 돌아가누나.
岩懸獸無跡	절벽 가팔라 짐승도 자취 없고
林暗鳥疑飛	숲 어두워 새들도 날기 꺼린다.
枕席竟誰薦	침석은 끝내 누가 깔아두었나
相望空依依	바라보며 공연히 그리워한다.

七言律詩의 경우 발생이 비교적 늦고 작가도 적다. 庾信의 〈烏夜啼〉는 악부의 격조에 속하지만 형식은 이미 七律에 가깝다.

促柱繁弦非子夜	급박하고 무거운 곡 〈자야가〉가 아니고
歌聲舞態異前溪	노래 소리 춤사위는 〈전계무〉와 다르다.
御史府前何處宿	어사부 앞 어디서 묵을 것인가
洛陽城頭那得棲	낙양성 안 어디서 깃을 들일까?
彈琴蜀郡卓家女	금을 타던 촉군의 卓王孫의 딸
織錦秦川竇氏妻	비단 짜던 진천의 竇滔의 아내,
詎不自驚長淚落	어찌 아니 깜짝 놀라 눈물 흘릴까
到頭啼烏恒夜啼	끝까지 까마귀는 변함없이 밤에 운다.

隋 煬帝 楊廣(569-618)의 〈江都宮樂歌〉[18]는 平仄과 대우가 모두 크

역주 18) "揚州舊處可淹留, 臺榭高明復好遊. 風亭芳樹迎早夏, 長皐麥隴送餘秋. 淥潭桂楫浮青雀, 果下金鞍躍紫騮. 綠觴素蟻流霞飲, 長袖清歌樂戲州."

게 진보하여 七律은 마침내 초보적인 완성을 고하였다.

그러나 율시의 최후의 형성은 오히려 당대 초기에 이루어졌다. 당초의 上官儀(608-665)는 시의 품격은 높지 않지만 율시의 형식의 완성에는 공헌을 하였다. 그는 오로지 시를 정교하게 하여 "綺錯婉媚(비단에 수를 놓듯 곱고 아름다움)"가 일시에 성행하여 사람들이 '上官體'라고 불렀다. 李淑(1002-1059)의 ≪詩苑類格≫의 기재에 의하면, 그는 시에 '六對'가 있다고 정리하였다. 즉 첫째 正名對이니 '天地'와 '日月'이 그것이고, 둘째 同類對이니 '花葉'과 '草芽'가 그것이며, 셋째 連珠對이니 '蕭蕭'와 '赫赫'이 그것이고, 넷째 雙聲對이니 '黃槐'와 '綠柳'가 그것이며, 다섯째 疊韻對이니 '彷徨'과 '放曠'이 그것이고, 여섯째 雙擬對이니 '春樹'와 '秋池'가 그것이다. 또 이른바 '八對'가 있으니, 첫째는 的名對로 '送酒東南去, 迎琴西北來(술을 남동쪽으로 보내고, 금을 북서쪽으로 맞는다)'가 그것이고, 둘째 異類對로 '風織池間樹, 蟲穿草上文(바람은 못 사이 나무를 짜고, 벌레는 풀 위에 무늬를 뚫는다)'이 그것이며, 셋째 疊韻對로 '放蕩千般意, 遷延一介心(방랑하는 수많은 생각, 떠도는 하나의 마음)'이 그것이고, 넷째 雙聲對로 '秋露香佳菊, 春風馥麗蘭(가을 이슬 고운 국화에 향기롭고, 봄바람은 고운 난초에 향기롭다)'이 그것이며, 다섯째 聯綿對로 '殘河若帶, 初月如眉(새벽의 은하수는 허리띠 같고, 갓 뜨는 초승달은 눈썹 닮았다)'가 그것이고, 여섯째 雙擬對로 '議月眉欺月, 論花頰勝花(달을 따지면 눈썹이 달을 업신여기고, 꽃을 논하면 뺨이 꽃보다 낫다)'가 그것이며, 일곱째 回文對로 '情新因意得, 意得逐情新(정이 새로움은 意로 인해 얻은 거고, 意를 얻는 것은 정을 좇아 새롭다)'이 그것이고, 여덟째 隔句對로 '相思復相憶, 夜夜淚霑衣; 空歎復空泣, 朝朝君未歸(생각나고 또 다시 그리워져서, 밤마다 눈물이 옷 적시는데; 탄식하고 또다시 눈물 흘러도, 아침마다 그대는 오지 않는다)'가 그것이다. 이러한 對法은 육조 시인들이 이미 많이 응용한 것이지만, 상관의가 정리하고 귀납하여 격률로 확정하였으니 율시의 발전에 영향이 상당히 크다. 조금 뒤의 初唐四傑은 많은 율시를 지어 율시의 성장발전을 촉진하는 중요한 역할을 하였다. 예컨대 王勃(650-676)의 五律 〈送杜少府之任蜀州〉[19], 駱賓王(619?-687?)의 〈在獄詠蟬〉[20], 楊炯(650-692)의 〈從軍行〉[21]은 완전히 정격의 唐音이다. 동시에 언급할 만한 사람으로 '사걸'과 거의 동시대의 杜審言(645?-708?)이 있다. 그는 율시의 형성 발전에 역시 기여하였다. 특히 五言排律 예컨대 〈贈崔融〉[22]은 길이가 20운에 이르며 40운에 이르는 것도 있는데, 언어와 성률이 모두 정교하고 정치하다고 할 만하다. 王夫之가 말한 것처럼 "近體는 梁陳에 이미 있었지만 杜審言에 이르러 비로소 법도에 합당하기 시작한"(≪薑齋詩話≫) 것이다.

그러나 율시의 완전한 성숙은 인품이 높지 않은 沈佺期(656?-715?)와

역주 19) "城闕輔三秦, 風煙望五津. 與君離別意, 同是宦遊人. 海內存知己, 天涯若比鄰. 無爲在岐路, 兒女共沾巾."

역주 20) "西陸蟬聲唱, 南冠客思深. 不堪玄鬢影, 來對白頭吟. 露重飛難進, 風多響易沈. 無人信高潔, 誰爲表予心."

역주 21) "烽火照西京, 心中自不平. 牙璋辭鳳闕, 鐵騎繞龍城. 雪暗凋旗畫, 風多雜鼓聲. 寧爲百夫長, 勝作一書生."

역주 22) "十年俱薄宦, 萬里各他方. 雲天斷書劄, 風土異炎涼. 太息幽蘭紫, 勞歌奇樹黃. 日疑懷叔度, 夜似憶眞長. 北使從江表, 東歸在洛陽. 相逢慰疇昔, 相對敍存亡. 草深窮巷毁, 竹盡故園荒. 雅節君彌固, 衰顔余自傷. 人事盈虛改, 交遊寵辱妨. 雀羅爭去翟, 鶴蓋競尋王. 思極歡娛至, 朋情詎可忘. 琴樽橫宴席, 巖谷臥詞場. 連騎追佳賞, 城中及路旁. 三川宿雨霽, 四月晩花芳. 復此開懸榻, 寧唯入後堂. 輿酣鴝鵒舞, 言洽鳳凰翔. 高選俄遷職, 嚴程已飭裝. 撫躬銜道義, 攜手戀輝光. 玉振先推美, 金銘舊所防. 勿嗟離別易, 行役共時康."

宋之問(656?-712?)의 손에서 이루어졌다. 沈·宋의 시는 음운과 對仗을 중시하고 형식의 정교함을 추구하여 형식이 상당히 完整해졌다. 沈佺期의 五律 〈雜詩〉와 宋之問의 五律 〈題大庾嶺北驛〉을 보자.

沈佺期 〈雜詩〉

聞道黃龍戍　듣자니 황룡수 요새에서는
頻年不解兵　여러 해 전쟁이 그치지 않네.
可憐閨裏月　가련하다 규방으로 비추는 저 달
長在漢家營　언제나 한나라의 병영에 뜨지.
少婦今春意　젊은 부인 올 봄에 품어온 생각
良人昨夜情　좋은 사람 지난밤에 집 그리던 정.
誰能將旗鼓　누가 장차 깃발과 북을 가지고
一爲取龍城　한달음에 용성을 빼앗을 건가.

宋之問 〈題大庾嶺北驛〉

陽月南飛雁　시월에 기러기 남으로 와서
傳聞至此回　듣자니 이곳에서 돌아간다네.
我行雖未已　내 갈 길 아직까지 끝이 없지만
何日復歸來　어느 날에 또 다시 돌아오리오.
江靜潮初落　강은 고요하고 조수 막 빠지고
林昏瘴不開　숲 어두워 장기도 풀리지 않네.
明朝望鄕處　내일 아침 고향을 바라볼 적에
應見隴頭梅　농두의 매화를 볼 수 있겠지.

沈·宋은 前人과 當代人이 율시의 형식과 격률을 응용하여 창작을 하는 것으로부터, 성숙한 형식을 확정하고 율시를 정형화하여, 나중의 시인들에게 따를 만한 명확한 격률을 제시하였다. ≪新唐書·宋之問傳≫에 "魏 建安(196-220) 이후 江左에 이르기까지 詩律은 누차 변하여 沈約, 庾信에 이르러 音韻이 서로 아름답게 어울리고 대우가 정밀해졌다. 宋之問과 沈佺期에 이르러 또 더 靡麗해지고 聲病을 회피하고 句와 篇을 제약하고 기준을 정하여 비단에 수를 놓아 무늬를 만들 듯이 하였다. 學者들이 그것을 종주로 삼으면서 '沈·宋'이라고 하였다."고 하였다. 明 王世貞(1526-1590)의 ≪藝苑巵言≫에서는 "五言은 沈·宋에 이르러 비로소 律이라고 할 수 있게 되었다. 律은 音律·法律로 천하에 이보다 더 엄한 것은 없다. 虛實과 平仄을 마음대로 할 수 없다는 것을 잘 알고 법도가 분명하였다. 두 사람이야 말로 敵手이다."라고 하였다. 여기에 이르러 율시는 완전히 성숙하였다. 천여 년 이래로 많은 시인들이 이러한 형식을 이용하여 우수한 詩章을 무수히 창작하였다.

율시와 고시의 차이에 대해 개괄적으로 말하면, 격률에 부합하지 않은 시는 모두 古詩(또는 古風)라고 할 수 있다. 그것은 율시 형성 이전의 작품과 후세 시인이 모의한 작품을 포괄한다. 4언, 5언, 6언, 7언과 雜言의 여러 체재가 있지만, 5언, 7언이 가장 많다. 그것은 율시와 주로 아래의 몇 가지 점에서 다르다.

(1) 字句가 다르다. 오율과 칠율은 字數와 구수가 제한이 있어서, 전자는 8구에 매 구 5자이고 후자는 8구에 매 구 7자이다. 그러나 고시는 자수와 구수가 길 수도 있고 짧을 수도 있으며 매 작품의 구수는 偶數일 수도 奇數일 수도 있다.

(2) 押韻이 다르다. ① 고체시는 平聲으로 압운할 수도 있고 仄聲으로 압운할 수도 있지만, 율시는 일반적으로 평성으로 압운한다. ② 고시는 換韻할 수 있지만 율시는 불가능하다. ③ 고시는 매 구 압운

할 수 있고 重韻(같은 韻字를 중복하여 사용하는 것)도 할 수 있지만, 율시는 偶句에만 압운할 수 있고(어떤 경우에는 첫 구에 압운할 수 있다) 重韻은 할 수 없다. ④ 고시는 鄰韻으로 압운할 수 있지만(通韻), 율시는 안 된다.

(3) 平仄이 다르다. 고시는 平仄에 구애되지 않고 黏法과 對法에 구애되지 않지만, 율시는 엄격한 平仄 규칙이 있고 失黏과 失對는 모두 율시의 大忌이다.

(4) 고시와 달리 율시는 對仗을 필요로 한다. 5, 7律의 중간 두 聯, 排律의 首·尾聯 이외의 모든 聯은 모두 일률적으로 對仗을 해야 한다.

이상은 대체적인 구별일 뿐이다. 사실, 율시가 형성된 이후에는 어떤 시인은 고체시를 지으면서 율시의 영향을 받기도 하였고, 어떤 고체시에는 律句도 사용하였다. 이 점은 생략하고 논하지 않는다.(鄧韶玉, 〈律詩是怎樣發展起來的? 它與古詩有什麽不同〉, ≪古典文學三百題≫(제1판; 上海古籍出版社, 1986.12). pp.184-187)

3. 근체시의 격률

근체시는 今體詩라고도 하는 격률시로, 한 편의 句數와 字數, 押韻, 平仄, 對仗 등에 엄격한 제한이 있는 詩體이다.

한 편이 8구이면 律詩라고 하고 4구인 것을 絶句라고 하며 6구인 것을 小律, 10구 이상인 것을 排律이라고 한다. 한 구의 자수는 일반적으로 다섯 자와 일곱 자인 五言詩와 七言詩가 대다수를 차지한다.

押韻은 平聲이 원칙이며 중간에 환운을 할 수 없고 鄰韻으로 通韻을 할 수도 없다.

平仄은 기본적으로 두 자를 기준으로 한 구 안에서 平仄을 교대로 사용하고, 한 聯 안에서 앞 구(出句, 上句)와 뒤 구(對句, 下句)의 平仄은 기본적으로 상반되며[對法], 앞 연의 對句와 뒤 연의 出句의 평측은 기본적으로 같아야 한다[黏法].

중간의 두 연(頷聯과 頸聯)은 出句와 對句가 반드시 짝을 맞춰야 한다[對仗, 對偶].

가. 근체시의 종류

(1) 律詩

㉠ 일정한 '格律'에 따라 지어진 시

* 한 구의 안에서 平仄을 교대로 사용, 上句(出句)와 下句(對句)의 평측은 상반

* 중간 네 구는 각각 두 구씩(頷聯, 頸聯) 반드시 對偶

㉡ 한 편의 句數 : 8구

㉢ 짝수구(제2, 4, 6, 8구)에만 압운

① 五言律詩 : 제1구에 압운하지 않는 것이 正例

② 七言律詩 : 제1구에 압운하는 것이 正例

③ 기타

* 小律 : 3韻(6句)으로 5언·7언이 있음

* 六言律詩

* 排律 : 10구 이상의 律詩, 대부분 오언

배율의 韻數

보통 整數 : 10, 20, 30, 40, 50, 60, 100운 등

기타 : 36, 12, 16, 24운 등 상용

中唐 이후 試帖詩 : 모두 6운(12구)의 오언배율

(2) 絶句

① 律絶

율시 성립 후에 발생한 절구, 율시의 절반

원칙적으로 平聲 압운, 句의 平仄은 율시의 제한 받음

對仗의 유무와 위치에 따라 네 가지로 나눌 수 있다.

㉠ 율시의 首·尾聯을 截取한 것(대장 없음)

㉡ 율시의 후반부를 절취한 것(제1, 2구 대장)

㉢ 율시의 중간 두 聯을 절취한 것(제1, 2구와 제3, 4구 대장)

㉣ 율시의 전반부를 절취한 것(제3, 4구 대장)

② 古絶

율시 성립 이전에 발생한 절구, 더 이상 줄일 수 없는 최소 단위

平·仄聲 압운 모두 가능, 句의 平仄도 율시의 제한을 받지 않음

나. 근체시의 압운

(1) 압운의 규칙

① 隔句 압운 : 제2, 4, 6, 8구 압운, 제1구는 압운할 수 있음

② 평성 압운

③ 一韻到底 : 한 韻部로 끝까지 압운

④ 通押 불가(제1구는 예외)

(2) 압운의 표준 : 〈詩韻〉 즉 〈平水韻〉(106운) 중 평성 30운

平聲		東	冬	江	支	微	魚	虞	齊		佳	灰	眞	文	元	寒	刪	先	蕭	肴	豪	歌	麻	陽	庚	青	蒸	尤	侵	覃	鹽	咸	30
仄聲	上	董	腫	講	紙	尾	語	麌	薺		蟹	賄	軫	吻	阮	旱	潸	銑	篠	巧	皓	哿	馬	養	梗	迥		有	寢	感	琰	豏	29
	去	送	宋	絳	寘	未	御	遇	霽	泰	卦	隊	震	問	願	翰	諫	霰	嘯	效	號	箇	禡	漾	敬	徑		宥	沁	勘	豔	陷	30
	入	屋	沃	覺									質	物	月	曷	黠	屑						藥	陌	錫	職		緝	合	葉	洽	17

(3) 압운의 寬窄(韻脚으로 쓸 수 있는 글자의 多寡와 난이도에 따른 분류)

① 寬韻 : 支, 先, 陽, 庚, 尤, 東, 眞, 虞

② 中韻 : 元, 寒, 魚, 蕭, 侵, 冬, 灰, 齊, 歌, 麻, 豪

③ 窄韻 : 微, 文, 刪, 青, 蒸, 覃, 鹽

④ 險韻 : 江, 佳, 肴, 咸

다. 근체시의 平仄 격식(律句)

(1) 五言律詩

제1구의 제2자가 仄聲인 仄起式(仄頭)으로, 제1구에 압운하지 않은 仄脚이 正例, 그 밖에 仄起式이면서 제1구에 압운을 한 平脚, 제1구의 제2자가 平聲인 平起式(平頭)으로 제1구에 압운을 하지 않은 仄脚, 압운을 한 平脚 등 네 가지 격식이 있다.

① 仄起式 : 제1구의 두 번째 글자가 측성인 경우

㉠ 仄脚 : 제1구의 끝 자가 측성인 경우

杜甫 〈春望〉

●●○○●, ○○●●◎. 國破山河在, 城春草木深.

◒○○●●, ◓●●○◎. 感時花濺淚, 恨別鳥驚心.

●●○○●, ○○●●◎. 烽火連三月, 家書抵萬金.

◒○○●●, ◓●●○◎. 白頭搔更短, 渾欲不勝簪.

(○ : 平聲, ● : 仄聲, ◒ : 평성이 원칙이지만 측성도 허용되는 경우, ◓ : 측성이 원칙이지만 평성도 허용되는 경우, ◎ : 압운)

㉡ 平脚 : 제1구의 끝 자가 평성인 경우

杜甫 〈月夜憶舍弟〉

◓●●○◎, ○○●●◎. 戍鼓斷人行, 秋邊一雁聲.

◒○○●●, ◓●●○◎. 露從今夜白, 月是故鄉明.

●●○○●, ○○●●◎. 有弟皆分散, 無家問死生.

◒○○●●, ◓●●○◎. 寄書長不達, 況乃未休兵.

② 平起式 : 제1구의 두 번째 글자가 평성인 경우

㉠ 仄脚

沈佺期 〈遊少林寺〉

◒○○●●, ◓●●○◎. 長歌遊寶地, 徙倚對珠林.

●●○○●, ○○●●◎. 雁塔風霜古, 龍池歲月深.

◒○○●●, ◓●●○◎. 紺園澄夕霽, 碧殿下秋陰.

●●○○●, ○○●●◎. 歸路煙霞晚, 山蟬處處吟.

㉡ 平脚

張籍 〈沒蕃故人〉

○○●●◎, ◓●●○◎. 前年伐月支, 城下沒全師.
●●○○●, ○○●●◎. 蕃漢斷消息, 死生長別離.
◒○○●●, ◓●●○◎. 無人收廢帳, 歸馬識殘旗.
●●○○●, ○○●●◎. 欲祭疑君在, 天涯哭此時.

* 對法과 黏法

對法 : 한 聯 안에서 出句와 對句의 平仄이 기본적으로 상반되어야 하는 원칙
출구가 仄頭이면 대구는 반드시 平頭여야 함
출구가 平頭이면 대구는 반드시 仄頭여야 함
이를 어기는 것을 '失對'라고 함

黏法 : 앞 聯의 對句와 뒤 聯의 出句의 平仄이 기본적으로 같아야 하는 원칙
앞 연의 대구가 平頭이면 뒤 연의 출구도 平頭여야 함
앞 연의 대구가 仄頭이면 뒤 연의 출구도 仄頭여야 함
이를 어기는 것을 '失黏'이라고 함

* 五言排律은 五言律詩의 平仄에 따라, 對法과 黏法을 어기지 않고 연장하면 됨

* 五言絶句는 五言律詩의 平仄에 따라, 對法과 黏法을 어기지 않고 半減하면 됨

(2) 七言律詩

제1구의 제2자가 平聲인 平起式(平頭)으로 제1구에 압운을 한 平脚이 正例, 그 밖에 平起式이면서 제1구에 압운을 하지 않은 仄脚, 제1구의 제2자가 仄聲인 仄起式(仄頭)으로 제1구에 압운을 한 平脚, 압운을 하지 않은 仄脚 등 네 가지 격식이 있다.

① 平起式
　㉠ 平脚
　㉡ 仄脚
② 仄起式
　㉠ 平脚
　㉡ 仄脚

* 七律은 五律의 연장으로 오율의 구 앞머리에 두 번째 글자와 평측이 상반되는 두 글자를 보탬

오언율시 仄頭에 평성을 첨가하여 平頭로 만들고 平頭에 측성을 첨가하여 仄頭로 만듦

對法과 黏法은 五律과 동일함

七言排律과 七言絶句는 각각 七律의 연장과 半減임

* '二四六分明'과 '一三五不論'

'二四六分明' : 각 詩句의 제2,4,(6)자의 平仄은 엄격히 지켜져야 한다는 원칙

'一三五不論' : 각 詩句의 제1,3,(5)자의 平仄은 융통성이 있다는 것

상황에 따라 달라질 수 있음

* 금기

시의 평측 격식에서 기피하는 것으로는 孤平과 孤仄, 下三連 등이 있는데, 그 중에서도 특히 꺼리는 것이 '孤平'과 '下三連'이다.

孤平 : 광의로는 측성 사이에 평성이 한 글자만 끼어 있는 것을 가리키지만, 여기서는 매우 금기시하는 협의의 경우만을 예로 든다. 오언율시 平起式 平脚의 경우(○○●●◎, 칠언율시이면 仄起式 平脚 : ●●○○●●◎) 제1자(7언시이면 제3자)가 仄聲이 되면 韻脚(압운 위치의 글자)을 제외한 나머지 중 제2자(7언시이면 제4자)만 평성이 된다(●●●○●●◎). 이를 '孤平'이라고 하여 매우 꺼림. 따라서 이런 句式인 경우 제1자(7언시이면 제3자)는 반드시 평성이 와야 함

下三連 : 한 구의 끝 석 자의 평측이 같은 것을 말하는데, 그 중에서도 평성이 석자인 것을 특히 꺼림

당시와 송시의 차이

嚴壽澂

시를 唐·宋으로 나누는 것에는 두 차원의 의미가 있다. 하나는 시대를 가리키고 하나는 풍격을 가리킨다. 물론 풍격과 시대는 관련이 있다. 그런데 唐詩에는 宋調를 연 사람이 있으니 韓愈(768-824)·孟郊(751-814) 시파 및 杜甫(712-770)의 夔州 이후 시가 그것이다. 宋詩 중에도 唐音을 계승한 것이 있으니 송 초의 白體와 西崑體가 그것이다. 게다가 당시에는 초당, 성당, 중당, 만당의 구분이 있고, 송시에도 江西, 永嘉의 구별이 있다. 그러나 대체로 말하면 唐詩와 宋詩의 풍격은 상당히 다르다. 이러한 차이는 근대에까지 죽 지속된다. 당 이후의 중국 고전시가의 풍격은 唐·宋의 양대 파별을 벗어난 것이 없다.

繆越(1904-1995)의 〈論宋詩〉(≪詩詞散論≫ 수록)는 "당시는 韻으로 빼어나서 渾雅(질박하고 高雅함)하며 醞藉(포용력이 있고 함축적임)와 空靈(敏活하여 변화가 많음)을 귀히 여기고, 송시는 意로 빼어나서 精能(精通하고 숙련됨)하며 深折(심오하고 곡절함)과 透闢(투철하고 精闢함)을 귀히 여긴다. 당시의 아름다움은 情辭에 있어서 豊腴(넉넉하고 기름짐)하고, 송시의 아름다움은 風骨에 있어서 瘦勁(가늘면서 힘이 있음)하다."고 하였는데, 그 말이 매우 타당하다. 李白(701-762)의 〈洞庭湖〉 제1수[23]를 보자.

洞庭西望楚江分	동정호를 서쪽으로 보니 楚江(양자강)이 나뉘는데
水盡南天不見雲	물 끝나는 남쪽 하늘 구름도 뵈지 않네.
日落長沙秋色遠	해 지는 장사에는 추색이 아득하여
不知何處弔湘君	어디에서 상군(상수의 신)을 조문할지 모르겠네.

오직 서쪽으로 동정호를 본 것만 묘사하였는데, 손 가는 대로 집어내어 조금도 힘을 들이지 않아, 찾을 만한 詩眼도 없고 얻을 만한 摘句(뽑아둘 만한 좋은 구절)도 없다. 그렇지만 읽으면 오히려 溫藉하고 空靈하여 情이 景 속에 있으니 확실히 천생의 좋은 언어이다. 이것이 바로 韻으로 빼어난 것이다. 다시 黃庭堅(1045-1105)의 〈題鄭防畵夾〉 제1수[24]를 보자.

惠崇煙雨歸雁	惠崇의 안개비와 돌아가는 기러기
坐我瀟湘洞庭	나를 소상강 동정호에 앉힌다.
欲喚扁舟歸去	일엽편주 불러내어 돌아가고 싶지만
故人言是丹青	벗은 말하네, 이것은 그림이라고.

앞 세 구에서 묘사한 것은, 湖中의 경치나 景色이 감동을 주어 시인은 자신도 모르게 배를 사서 한 번 놀고 싶어진다는 것이다. 마지막

역주 23) 원제는 〈陪族叔刑部侍郎曄及中書賈舍人至遊洞庭〉으로 모두 다섯 수의 組詩이다.

역주 24) 六言絶句로 된 모두 다섯 수의 題畫詩로, 鄭防이 收藏한 화첩 속의 각 화가의 그림을 읊었다. 제1수는 기러기, 거위, 백로 등의 새와 수향의 풍경을 잘 그린 北宋의 승려 화가 惠崇(965-1017)의 그림을 읊은 것이다.

구는 옆 사람이 이것은 眞景이 아니라 본래 그림이었다고 말한다는 것이다. 앞 세 구는 烘托(주변을 엷게 칠하여 형체를 부각하는 방법)이고 作勢(허장성세)인데, 목적은 마지막 한 구를 짜내는 것이다. 이 시는 匠心(창의력)을 상당히 발휘하여 深折하고 透辟하다. 이것이 바로 意로 빼어난 것이다.

당시는 운치를 중시할 뿐만 아니라 대다수가 情景이 交融하거나 情을 景 속에 싣는다. 李白의 〈望廬山瀑布〉를 보자.

日照香爐生紫煙	향로봉에 해 비춰 자주 연기 피는데
遙看瀑布掛前川	멀리서 폭포 보니 앞 시내 걸려 있네.
飛流直下三千尺	날아 흘러 곧바로 삼천 자를 떨어지니
疑是銀河落九天	은하수가 구천에서 떨어진 줄 알았네.

순전히 서경으로 결코 심오한 의미가 있지도 않지만, 시인의 쇄탈하고 고원한 풍치를 독자는 그 속에서 체득할 수 있다. 이것이 바로 嚴羽가 ≪滄浪詩話≫에서 말한 소위 “논리의 길에 들어서지 않고, 언어적인 해석에 빠지지 않는 것(不涉理路, 不落言筌)”으로, 그 아름다움은 전적으로 情辭에 있다. 마찬가지로 여산을 묘사하였지만, 蘇軾(1036-1101)의 〈題西林壁〉은 다르다.

橫看成嶺側成峰	앞에서는 고개요 옆에서는 봉우리
遠近高低各不同	원근마다 고저마다 제각각 다 다르네.
不識廬山眞面目	여산의 참 모습을 알 수 없으니
只緣身在此山中	내가 이 산 속에 있기 때문일 뿐.

앞 두 구는 그래도 서경이지만, 뒤 두 구는 순전히 議論이다. 그러나 이 의론이 있기 때문에 廬山의 변화 많고 복잡한 모습을 독자는

오히려 충분히 깨달을 수 있는 것이다. 虛景 속에서 實景을 본다고 할 수 있다. 趙翼(1727-1814)은 "여산을 읊은 명작은 숲처럼 많지만, 더 사실적으로 그린다 해도 단언코 뛰어나기 어렵다. 동파공의 시상은 하늘 밖으로 떨어져 偏師(주력군 이외의 일부 군대)로 이기는 것보다 더 교묘하다."(沈德潛, ≪宋金三家詩選≫의 趙翼 眉批)고 평하였다. 다시 말하면, 이 시는 의도적으로 이전 사람들과 달리하여, 한 층의 談論을 통하여 正位(본체)는 건드리지 않고 奇計로 상대를 제압함을 힘써 추구한 것이다. 앞 시와 비교하면 의미가 훨씬 深刻한데 완전히 氣骨로 빼어났다. 그러나 情辭의 豐腴함은 명백히 못하다.

동파의 이 시의 意義는 또한 이에 그치지 않으니, 거기에서 또한 심오한 哲理를 깨달을 수 있다. 이것 역시 송시의 특색 —— 理趣가 풍부함 —— 이다. 물론 唐詩에도 이취가 풍부한 것이 있다. 王維(701?-761)의 〈酬張少府〉를 보자.

晩年惟好靜　만년에는 고요함만 좋아하여서
萬事不關心　만사에 관심을 두지 않는다.
自顧無長策　자신을 돌아보니 좋은 계책 있지 않아
空知返舊林　옛 숲으로 돌아올 수밖에 없었다.
松風吹解帶　솔바람 불어와 옷끈을 풀고
山月照彈琴　산달은 금을 타는 나를 비춘다.
君問窮通理　궁통의 이치를 그대 묻는데
漁歌入浦深　뱃노래 포구 깊이 들어오누나.

南宗의 禪에서 보면 自性은 본디 절로 清淨하니, 이 마음이 만약 고요하다면 窮通이 무슨 소용인가? 王維가 闡揚한 것은 바로 이 이치이다. 그러나 그는 그저 敍事와 敍景만 하였으니, '松風' '山月'과

'解帶' '彈琴'이면 모두 悟道에 도움이 되는 것이다. 마지막에는 답하지 않는 것으로 답을 하였으니 음미할 만하다. 理를 景 속에 담았으니 意는 행간에 숨어 있다. 이것이 당시가 철리를 말하는 특색이다. 다시 黃庭堅의 〈次韻答斌老病起獨遊東園二首〉의 제1수를 보자.

萬事同一機	만사는 한 기미를 같이 하나니
多慮即禪病	많은 걱정 참선의 병이 되노라.
排悶有新詩	번민을 푸는 데는 새 시가 있어
忘蹄出兎徑	올무는 잊고서 토끼 길에 나선다.[25]
蓮花出淤泥	연꽃은 진흙에서 피어나나니
可見嗔喜性	성내고 좋아하는 본성 알겠다.
小立近幽香	잠시 서서 그윽한 향기 맡으니
心與晩色靜	마음은 저녁 빛과 함께 고요타.

대의는 이렇다. 일체 만법은 自性을 떠나지 않으며 자성은 본래 淨한데 무엇하러 근심을 많이 해야 하는가? 斌老는 이를 잘 깨쳤으니 新詩로 번민을 해소하여 종당에는 '得意忘言'하였다. 喜와 嗔이 하나의 性에서 같이 나오는 것이 蓮花와 淤泥가 한 못에 공존함과 같은 것을 안다면, 마음의 근원이 징철하여 '晩色'의 '幽香'과 '靜'을 함께할 수 있다. 두 시의 含意는 일치하지만, 황정견의 시는 작법이 훨씬 曲折하고 說理가 더욱 透辟하다. 그러나 言이 句中에서 다하여 함축의 운치는 좀 모자란다. 이것이 바로 송시가 理趣를 말하는 특색이다.

說理가 그러하고 敍景도 그러하다. 당시는 岑參(715-770)의 〈白雪歌

역주 25) ≪莊子·外物≫의 "蹄者所以在兎, 得兎而忘蹄(올무라고 하는 것은 토끼를 잡는 데 사용하는 도구인데, 토끼를 잡고 나면 올무는 잊어버려도 된다)."를 전고로 활용하여 '得意忘言'의 의미를 표현한 것이다.

送武判官歸京〉을 예로 든다.

北風卷地白草折	북풍이 땅을 말아 흰풀들 꺾어지고
胡天八月卽飛雪	북방 하늘 팔월에 눈보라 벌써 친다.
忽然一夜春風來	홀연히 하룻밤에 봄바람이 불어와
千樹萬樹梨花開	수천수만 나무에 배꽃이 활짝 폈다.
散入珠簾濕羅幕	흩어져 발에 들어 비단 휘장 축축하니
狐裘不暖錦衾薄	여우갖옷 따습잖고 비단 이불 얇구나.
將軍角弓不得控	장군의 각궁은 얼어 당길 수 없고
都護鐵衣冷難著	도호의 갑옷은 차서 입기 어렵다.
瀚海闌干百丈冰	사막은 아득하고 얼음은 백 장인데
愁雲黲淡萬里凝	근심구름 참담하게 만 리에 엉겨 있다.
(후략)	

촉박하고 번거로운 가락으로 묘사의 능사를 다하였지만 정성을 다하여 말하였다. 몇 차례 換韻을 하여(平仄韻을 섞어 씀) 잠시 숨을 고르니 완급이 박자에 부합한다. 송시는 蘇軾의 〈百步洪〉[26] 중 제1수를 보자.

長洪斗落生跳波	긴 물줄기 별안간 떨어지니 물보라 일고
輕舟南下如投梭	경쾌한 배 남하하니 북을 내던지듯.
水師絶叫鳧雁起	뱃사공 절규하니 오리 기러기 날아가고
亂石一線爭磋磨	난석은 줄지어서 쪼고 갈기 다투네.
有如兎走鷹隼落	토끼가 달리자 새매가 하강하듯
駿馬下注千丈坡	천 길 비탈에 준마가 쏟아진다.
斷弦離柱箭脫手	끊어진 현 안주 떠나고 화살은 손에서 벗어나며

역주 26) 百步洪은 지금의 江蘇省 徐州市 남동쪽에 있는 폭포로 徐州洪이라고도 한다. 소식의 시는 이 폭포를 읊은 것으로 모두 두 수가 있다. 인용한 부분은 제1수의 전반부 水勢를 형용한 대목이다.

飛電過隙珠翻荷	나는 번개 문틈 지나고 진주는 연꽃에 뒤집힌다.
四山眩轉風掠耳	사방 산은 어둑하고 바람은 귀 스치고
但見流沫生千渦	물보라가 천 개의 소용돌이 일으킨다.
(후략)	

韓愈의 〈送石處士序〉[27]의 비유 수법을 모방하여 단숨에 분출하니 독자가 應接할 겨를이 없게 한다. 중간에 換韻을 하지 않아 더욱 곧장 쏟아지는 기세가 있다. 詩의 우아함과 文의 유창함을 다 지니고 있으며, 창작기교가 잠삼의 시보다 크게 진보하였다. 그러나 급한 여울이 쏟아지는 것처럼 급박함을 피할 수 없어 唐詩의 雍容한 자태를 잃어버렸다.

章法뿐만 아니라 宋詩의 句法도 唐詩의 옛 모습을 크게 바꾸었다. 예컨대 楊萬里(1127-1206)의 "雁來野鴻却驚起, 我與舟人俱仰看(기러기 찾아오자 큰기러기 놀라 일어, 나와 뱃사람은 고개 들어 쳐다본다)."(〈暮泊鼠山聞明朝有石塘之險〉) 한 연에 대해, 陳衍(1856-1937)은 "3, 4구는 對를 하지 않은 것 같지만 실은 대를 하지 않은 글자가 없다. 流水句가 이와 같

역주 27) 韓愈가 元和 5년(810)에 지은 글. 河陽軍節度使 烏重胤이 재능과 덕망이 있으면서도 은자로 지내던 石洪을 불러 쓰려고 하자, 석홍이 그에 응하여 부임하는 것을 전송하는 내용이다. 이 글에서 말하는 것은 그 중 석홍의 재능을 설명한 대목에서 형상적인 비유를 활용한 것을 말한다. "與之語道理, 辨古今事事當否, 論人高下, 事後當成敗, 若河決下流而東注; 若駟馬駕輕車就熟路, 而王良·造父爲之先後也; 若燭照數計而龜卜也(그와 도리를 말하고 고금의 일의 當否를 따지며 인물의 고하와 사후의 성패 여부를 논하면, 마치 강물이 제방이 터져 아래로 흘러 동해로 들어가는 듯하고, 마치 駟馬가 가벼운 수레를 끌고 익숙한 길을 가는데 고대의 저명한 御者인 王良과 造父를 앞뒤로 세워 돕도록 하는 것 같으며, 마치 등촉을 비추듯이 환하고 숫자로 계산을 하듯이 분명하고 거북점을 치듯이 미래를 잘 맞힌다)."

으니 붓 가는대로 써낸 것은 아니다."라고 평하였다(≪宋詩精華錄≫ 권 3). 두 구를 단숨에 이루었을 뿐만 아니라 앞 구만 보면 뒤 구를 짐작하기가 매우 어렵다. 이런 구법은 唐詩에는 보이지 않으며, 송시의 기교가 진보한 점이기도 하다. 또 蘇軾의 "人生到處知何似, 應似飛鴻踏雪泥. 泥上偶然留指爪, 鴻飛那復計東西(인생은 도처에서 무엇과 같은가, 날아가는 기러기가 눈밭을 밟은 듯. 눈 위에 우연히 발자국 남겠지만, 기러기가 동서를 어찌 다시 따지던가)."(〈和子由澠池懷舊〉), 黃庭堅의 "持家但有四立壁, 治病不蘄三折肱(집 다스림에 네 벽만 서 있을 뿐이고, 병 고침에 팔 세 번 부러지길 바랄 것도 없다)."(〈寄黃幾復〉[28]), "湘東一目誠甘死, 天下中分那可持(湘東王은 외눈이라 기꺼이 죽는다면, 천하가 나누인들 차지할 수 있으랴)."(〈奕棋呈任公漸〉), "管城子無食肉相, 孔方兄有絶交書(관성자(붓)는 고기 먹을 관상이 없고, 공방형(엽전)은 절교하는 편지가 있다)."(〈戲呈孔毅父〉) 같은 것은, 어떤 것은 活法으로 用典하고, 어떤 것은 산문의 방식으로 作詩하여 奇警(참신하고 투철함)하고 深折하니, 그 境界가 唐詩에는 없는 것이다. 그런데 唐詩 중에서 高華 淸遠하고 雄渾 豐腴한 구는, 예를 들어 王維의 "行到水窮處, 坐看雲起時(물이 끝난 곳까지 걸어서 가서, 구름이 피는 때를 앉아서 본다)."(〈終南別業〉), "郡邑浮前浦, 波瀾動遠空(군의 읍은 앞 포구에 떠올라 있고, 물결은 먼 공중에 출렁거린다)."(〈漢江臨泛〉), 李白의 "浮雲遊子意, 落日故人情(떠도는 구름은 나그네 마음, 기우는 석양은 친구의 심정)."(〈送友人〉), "山隨平野闊, 江入大荒流(산은 평야 따라 활짝 열리고, 강은 넓은 벌로 들어 흐른다)."(〈渡荊門送別〉), 杜甫의 "無邊落木蕭蕭下, 不盡長江滾滾來(가없이 지는 낙엽 소소히 떨어지고, 다함없는 긴 강물은 곤곤히 흘러온

역주 28) 황정견이 고향친구 黃介에게 써준 시로 '四立壁'은 청렴을, '不蘄三折肱'은 빼어난 자질을 비유하였다.

다)."(〈登高〉), "錦江春色來天地, 玉壘浮雲變古今(금강의 봄빛은 하늘땅서 찾아오고, 옥루의 뜬구름은 고금에 변해왔다)."(〈登樓〉) 같은 것은 송시 속에서도 보기 드물다.

송시의 音調도 옛 모습을 바꾸어 挺拔(굳세고 힘참)하고 瘦勁함이 많은데, 黃庭堅이 가장 심하다. 예를 들면 "人言九事八爲律, 儻有江船吾欲東(사람이 말한 아홉 일 중 여덟은 律令인데, 만약에 강에 배 있다면 나는 동쪽으로 가리라)."(〈寺齋睡起二首〉), "人間風日不到處, 天上玉堂森寶書(인간세상 바람 햇빛 이르지도 않는 곳, 천상의 옥당(翰林院)에는 귀중한 책 즐비하리)."(〈雙井茶送子瞻〉), "蜜房各自開戶牖, 蟻穴或夢封侯王(벌집 같은 방 제각각 창문을 열었으며, 개미굴 같은 방에서 제후에 봉해지는 꿈을 꿀 수도 있겠네)."(〈題落星寺〉) 같은 것은, 唐詩 중의 음운이 낭랑하여 渾雅한 音韻, 예를 들어 "花迎劍佩星初落, 柳拂旌旗露未乾(꽃길에 패검 찬 이 만나니 샛별은 막 지고, 버들이 정기를 스치니 이슬은 마르지 않았다)."(岑參 〈和賈至舍人早朝大明宮之作〉), "江間波浪兼天涌, 塞上風雲接地陰(강중의 파란은 하늘까지 솟구치고, 새상의 풍운은 땅에 붙어 어둡다)."(杜甫 〈秋興八首〉 제1수), "家住層城臨漢苑, 心隨明月到胡天(집은 층성에 있어 漢苑이 가깝지만, 마음은 명월 따라 胡天으로 다가간다)."(皇甫冉 〈春思〉) 등과 비교하면, 아득히 못 미친다.

송인은 기이하고 새로운 것을 추구하여 천지만물과 희로애락이 모두 시로 들어갈 수 있었다. 학문과 예술, 인정과 세태, 釋語와 道書, 미물과 쇄사를 모두 손에 잡히는 대로 집어와 나의 性靈을 그려낼 수 있으니(소식과 황정견 시에 이런 것이 가장 많음), 확실히 독창적인 길을 개척하였다. 그런데 당시 중의 美人 香草와 남녀의 사랑에 대한 표현은 송시에는 오히려 별로 안 보인다. 그 이유를 따져보면, 당송 이래로 출현한 詞가 그 체재가 고와서 꾸미기 알맞아 애정을 표현하기에 적합하여 송인은 그러한 감정은 대부분 詞로 돌렸기 때문이다. 광의로 보면 詞도 詩의 일종이니, 그러한 내용은 표현하는 시가의 양식만 바꾼 것일 뿐이다. 따라서 이것을 송시의 병폐라고 할 수는 없다.

唐·宋詩는 지금까지 분쟁이 많아 호오와 취사가 사람마다 달랐다. 객관적으로 논하면 송시가 당시보다 나은 점은 기교의 진보, 意境의 깊이, 소재의 확대에 있다. 그러나 문학의 기교가 진보할수록 天籟는 더욱 사라져 조탁의 흔적이 드러남을 면할 수 없고 雍容하고 渾厚한 아름다움을 더욱 잃게 되는데, 이는 필연적인 추세로 어쩔 수 없는 일이다. 동시에 오로지 새롭고 기이하고 깊은 것만 추구하는 경우, 얻을 만한 新意가 없게 되면 字句의 조탁에 주의를 기울여 근본을 버리고 지엽말단적인 것을 추구할 수밖에 없으니, 시의 意境을 해치게 되는 것이다. 따라서 송시가 당시에 못 미치는 점도 여기에 있다. 만약 당시를 기준으로 받들면, 송시는 자연히 당시에 못 미친다. 그렇지만 문학의 발전으로 말하자면, 독창이 귀중한 것이지 一成不變이 중요한 것은 아니니, 송인은 당시가 극성한 후에 그것을 계승하기 어려워져서 변화하지 않으면 막다른 골목에 이르기 때문에, 산을 열고 길을 개척하여 唐人이 가지 않은 경지에 발을 들여놓아 별도의 格을 창조함으로써, 당시와 대등한 지위를 차지한 것이다. 元明 이후의 시가 아무리 변하여도 이 두 파의 울타리를 벗어날 수 없었다. 그래서 "당시를 가장 잘 배운 것은 송인이 으뜸"[29]이라고 하는 것이다.(嚴壽澂, 〈唐詩和宋詩有何異同?〉, ≪古典文學三百題≫ (제1판; 上海古籍出版社, 1986.12). pp.314-317)

역주 29) 繆越, 〈論宋詩〉: "宋詩殊殊于唐, 而善學唐詩者莫過于宋."

송영정(宋永程)

서울대학교 인문대학 중어중문학과 졸업
서울대학교 대학원 중어중문학과 졸업(문학박사)
현재 계명대학교 인문대학 중국어문학과 교수

주요 역서
≪음갱 시≫(계명대학교출판부)
≪포조시선≫(문이재)
≪何遜 詩 譯注≫(중문)
≪장화·장협 시 역주≫(중문)

唐宋 近體詩 百首
당송 근체시 백수

초판 1쇄 발행 _ 2015년 2월 28일

편 저 자 • 송 영 정
발 행 인 • 정 현 걸
발 행 • 신 아 사
인 쇄 • 예지인쇄
출판등록 • 1956년 1월 5일 (제9–52호)
주 소 • 서울특별시 은평구 통일로 59길 4 (2F)
전 화 • 02)382–6411 · 팩스 02)382–6401
홈페이지 • www.shinasa.co.kr
E - MAIL • shinasa@daum.net

ISBN 978-89-8396-892-0(93820)

정가 *14,000*원